D0876045

ROUSSAN
ÉDITEUR INC.

COLLECTION

ROUSSAN
ÉDITEUR INC.

Case postale 1202
Succursale Pointe-Claire
Pointe-Claire, Québec
H9S 5K7

Tableau de la couverture:
Cover painting:

Le Château, la nuit (1988)
Huile sur toile - Oil on canvas
40″ x 48″ - 102 x 122 cm

Photographie:
Photography: Michel Julien

Composition:
Typesetting: Les Entreprises Ysabelle Inc.

Photolithographie:
Photolithography: Contact Couleur

Impression:
Printing: Imprimerie Laurentienne Ltée

Production: Michel Julien pour/for
Production: Roussan Éditeur Inc.

Dépôt légal 2e trimestre 1989
Bibliothèque Nationale du Canada
Bibliothèque Nationale du Québec

ISBN 2-9800915-8-8

Tous droits de traduction, d'adaptation
et de reproduction par quelque procédé
que ce soit, réservés pour tous pays.

Imprimé au Canada - Printed in Canada

Québec
en peinture / in painting

par Jacques de Roussan avec la collaboration de Micheline Huard
Translated by Jane Frydenlund

© Musée du Québec, photo Patrick Altman

Québec, vu de Pointe-Lévis, C. Krieghoff

Foreword

A reflection of Old Europe in North America, Quebec City has a precious heritage. Its architecture bears witness to its past; its cityscape and its famed ramparts combined with the *joie de vivre* and pride of its citizens make it a city of a thousand and one faces.

Only a grand fresco approach such as **Quebec in painting** can stunningly capture the richness of our heritage and the subtlety of our Capital's scenery and landscape.

This impressive volume of 36 highly renowned painters projects the particular beauty of a unique city and a lifestyle suspended between romanticism and modernism over its four seasons.

Quebec in painting is a collection of works which reflects the dazzling beauty of our city and the charm of its historical district listed as a world heritage site by UNESCO.

Our thanks to all these artists !

Jean Pelletier,
Mayor of Quebec

Préface

Reflet de la Vieille Europe en Amérique du Nord, Québec possède un héritage précieux. Son architecture témoigne du passé; ses paysages urbains, ses célèbres remparts alliés à la joie de vivre et la fierté de ses citoyens en font une ville aux mille et un visages.

Telle une grande fresque, **Québec en peinture** sait capter avec émerveillement les richesses de notre patrimoine et les subtilités des décors et paysages de notre Capitale.

Cet album d'oeuvres de 36 peintres de grande renommée témoigne des beautés particulières d'une ville unique, de la vie d'une société qui balance entre le romantisme et le modernisme, au fil de ses quatre saisons.

Québec en peinture regroupe des oeuvres qui reflètent l'éblouissante beauté de notre coin de pays et le charme de l'arrondissement historique de Québec, joyau du patrimoine mondial de l'UNESCO.

À tous ces peintres, MERCI !

Le maire de Québec,

Jean Pelletier.

L'histoire de l'imagerie de Québec, qui s'étend sur plus de trois siècles, demeure encore aujourd'hui un domaine méconnu et peu exploité. Pourtant, l'exploration de ces paysages peints, aquarellés, dessinés ou gravés qui firent à différentes époques rêver autant les artistes que les collectionneurs, les étrangers ou les gens d'ici, nous entraîne dans un étonnant périple artistique ponctué de souvenirs, de rêves et de poésie. De cette production abondante et diversifiée, nous devons cependant nous restreindre ici aux grandes lignes et aux oeuvres que nous ont laissé les artistes les plus connus et passer sous silence les vues aberrantes d'Ogden Wood ou de François-Xavier Haberman, les paysages fantaisistes de James Hance et les fusains et eaux-fortes tantôt chaleureux, tantôt tragiques d'Herbert Raine.

Tour à tour dépeinte sous des aspects idéalisés, pittoresques, réalistes ou "touristiques", Québec, qui fut aux XVIIe et XVIIIe siècles la plus importante et la plus représentée des villes d'Amérique du Nord, n'a jamais cessé d'être visible tant en Europe qu'ici. Avant que des milliers de touristes ne commencent à découvrir, au cours du siècle dernier, les beautés et les charmes de la Vieille Capitale, le caractère exotique de ses représentations peintes ou gravées fascinait déjà l'Europe du XVIIIe siècle et contribua sûrement à créer un premier intérêt pour ce bastion de la civilisation française en Amérique.

LE RÉGIME FRANÇAIS

Pendant les premières décennies du Régime français, soit de 1608 jusque vers 1663, Québec, qui est alors essentiellement un poste de traite de fourrures, évolue lentement vers le statut de ville à part entière. La prise en charge par le clergé de la vie quotidienne, autant du point de vue spirituel (évangélisation) que de celui pl. s

The history of art of Quebec City, which spans more than three centuries, remains today an unknown and barely exploited subject. However, an exploration of these paintings, water colours, drawings and engravings, landscapes that have stimulated the imaginations of artists, collectors, foreign visitors and local inhabitants throughout the different epochs, takes us on an amazing artistic journey through memories, dreams and poetry. From this abundant and diverse output of art, we must, nonetheless, restrict our interest here to broad outlines and the works left to us by well known artists, passing over the nonsensical representations of Ogden Wood or François-Xavier Haberman, the fantastical landscapes of James Hance and the sometimes warm, sometimes tragic charcoal drawings and etchings of Herbert Raine.

Throughout its history, Quebec City has been interpreted by artists according to many different fashions: idealized, "pittoresque", realist or "touristic"; in the XVIIth and XVIIIth centuries it was the most important and most represented of North American cities and its visibility has never diminished either in Europe or here. Before thousands of tourists began to discover it in the last century, the beauty and charm of the Old Capital and the exotic character of its paintings and engravings already fascinated Europe in the XVIIIth century and surely contributed to creating an abiding interest in this bastion of French civilization in North America.

THE FRENCH REGIME

During the first decades of the French Regime, from 1608 to 1663, Quebec City, originally a fur trading post, gradually evolved toward the status of a legitimate city. The clergy, who had control of its daily life as much from a spiritual point of view (the evangelization) as the strictly

strictement matériel (construction d'églises, d'asiles, d'hôpitaux), marque aussi cette période, notamment au plan artistique; les premiers peintres connus de la Nouvelle-France sont, en effet, presque exclusivement des ecclésiastiques.

À la fin du XVIIe siècle apparaissent, sous forme de "cartouches" insérés dans les différentes cartes géographiques montrant la Nouvelle-France, ce qu'on peut appeler les premières véritables "vues" de Québec. Les plus importantes d'entre elles seront dues aux cartographes Jean-Baptiste Franquelin (vers 1651-1718), le premier et le plus important des cartographes français ayant résidé en Nouvelle-France à cette époque, et à Charles Bécart de Granville, né à Québec en 1675 et mort en 1703. On peut dire de ces représentations souvent idéalisées et parfois fictives de la ville qu'elles annoncent, d'une certaine façon, les descriptions plus "réalistes" des topographes anglais de la seconde moitié du XVIIIe siècle. En effet, déjà, elles nous font voir un site spectaculaire avec les éléments qui deviendront au cours des siècles suivants la véritable "signature" de Québec, à savoir la configuration particulière du paysage, le fleuve et le Cap-aux-Diamants que certains n'ont pas hésité à qualifier plus tard de "Gibraltar" de l'Amérique. La ville nous apparaît alors sous divers angles, que ce soit de l'est, du nord-ouest, ou même dans une étonnante vue à vol d'oiseau, anonyme, datée vers 1675-1680.

Par ailleurs, les nombreux *ex-voto* produits sous le Régime français peuvent quant à eux être considérés comme un premier pas qui va mener à la naissance du paysage canadien. Ces *ex-voto* représentaient des scènes où l'homme, aux prises avec les éléments d'une nature déchaînée (l'hiver, la tempête, la forêt ou les eaux traîtresses), est sauvé miraculeusement par l'intercession de saints qui, la plu-

material (construction of churches, asylums, hospitals), distinguished this period, especially on the artistic level; the first known painters of New France were almost exclusively ecclesiastics.

At the end of the XVIIth century there appeared, in the form of cartouches inset in the various maps of New France, what could be considered the first true "scenes" of Quebec City. The most important among them were the maps of cartographers Jean-Baptiste Franquelin (circa 1651-1718), the most prominent of the French cartographers in New France during this epoch, and Charles Bécart de Granville, born in Quebec City in 1675 and deceased in 1703. These frequently idealized and at times fictitious scenes of the city foreshadow, in a certain way, the more "realist" depictions of the English topographers of the second half of the XVIIIth century. In fact, we are already being shown a spectacular site with its elements that in following centuries will become the true "signature" of Quebec City; we know the configuration of the landscape and the river at Cap-aux-Diamants, later called the "Gibraltar" of North America. We see the city from different angles: from the east, the northwest and even from a bird's-eye view, anonymous, dated around 1675-1680.

Furthermore, the numerous *ex-voto* made under the French Regime can themselves be considered as a precursor of Canadian landscape art. These *ex-voto* represent scenes in which man, grappling with the elements of nature (winter, storms, forests and treacherous rivers), is miraculously saved by the intercession of saints, usually the Virgin Mary or Sainte-Anne. We can see in these naively constructed works, despite some distortion in the perspective, that all the elements of landscape painting are already in place.

The same goes for the "windows"

part du temps, sont la Vierge Marie ou Sainte-Anne. On peut voir dans ces oeuvres de facture naïve, malgré certaines distorsions de la perspective, que tous les éléments de la peinture paysagiste sont déjà en place.

Il en va de même pour les quelques "fenêtres" insérées dans certains portraits où l'on peut voir, en arrière-plan, se dessiner le profil de la ville. Ces "fenêtres", comme dans le portrait de la duchesse d'Aiguillon conservé par l'Hôtel-Dieu de Québec depuis 1754, constituent elles aussi, un peu à la façon des *ex-voto* une des premières manifestations du goût populaire pour les paysages qui allait se confirmer au cours des décennies suivantes. Déjà, en cette fin du XVIIe siècle, on peut percevoir l'intérêt qu'aura le site de la ville comme lieu à montrer, à dessiner, à peindre sous toutes ses facettes.

LE RÉGIME ANGLAIS

Nous devons attendre la Conquête, en 1759, et l'arrivée de ce qu'on pourrait appeler la première génération des peintres-topographes formés à l'Académie militaire de Woolwich, fondée en Angleterre en 1741, pour voir naître et s'affirmer un art du paysage et une représentation urbaine comme sujet principal. En effet ces topographes, qui devaient être en mesure d'enregistrer directement sur le terrain des relevés topographiques et architecturaux destinés à appuyer la stratégie militaire, allaient produire un nombre impressionnant de représentations de Québec et de ses environs.

L'Académie de Woolwich, très consciente de l'importance du travail que devaient accomplir ces derniers, retient, dès 1768, les services de Paul Sandby, le plus brillant aquarelliste du moment en Angleterre, pour enseigner la technique de l'aquarelle et donner une véritable initiation à l'art du paysage aux élèves-officiers qui la

introduced in some portraits where we can see the outline of the city in the background of a drawing. These "windows", for example in the portrait of the Duchess of Aiguillon held at City Hall in Quebec City since 1754, also constitute, a little like the *ex-voto,* one of the first manifestations of the popular taste for landscapes that would become evident in the following decades. At the end of the XVIIth century, we already perceive the city as an interesting place to show, draw and paint in all its facets.

THE ENGLISH REGIME

We must await the Conquest of 1759 and the arrival of the first generation of painter-topographers from the Woolwich Military Academy, founded in England in 1741, to witness the birth and affirmation of landscape art and urban representation as a principal subject. In fact, these topographers, who had to be proficient at recording the topographical and architectural features intended to support the military strategy, produced a number of impressive representations of Quebec City and the vicinity.

Woolwich Military Academy, very conscious of the important work these individuals would be undertaking, retained in 1768 the services of Paul Sandby, the most brilliant water colourist in England at that time, to teach water colour techniques and initiate his student-officers into landscape art. This apprenticeship in perspective, composition and the technique of rendering quick and simple executions amply justified such an artistic formation. These topographical teams, whose most important qualities had to be objectivity, precision and naturalism, went on to create a significant bank of visual information on a city or region, a true inventory of the possessions of the Regime. Water colour, which until then had been a minor art mostly serving the role of preliminary sketch-

fréquentaient. L'apprentissage de la perspective, de la composition et d'une technique d'enregistrement rapide et facile d'exécution justifiait amplement cette formation artistique. Ces relevés topographiques, dont les qualités essentielles devaient être l'objectivité, la précision et le naturalisme, allaient ensuite constituer une importante banque d'informations visuelles sur une ville ou sur une région, un véritable inventaire des possessions du régime. L'aquarelle, qui jusque-là encore était un art mineur servant surtout à produire des esquisses préliminaires, des croquis ou des études, devient un art autonome et est officiellement reconnue en Angleterre en 1805. Cette première école allait avoir un impact considérable au Canada sur l'art du paysage et, à partir de la Conquête, nous verrons se développer partout à travers le pays une importante production d'aquarelles. Ce sera le début de l'âge d'or des paysagistes itinérants qui vont sillonner le Canada d'alors à la recherche de panoramas exceptionnels dont plusieurs seront ensuite gravés et diffusés en Angleterre.

Les nombreuses représentations de cette période témoignent du soin et de la précision qu'apportaient les militaires à l'exécution de leur travail. Le premier des peintres-topographes dont nous connaissons le travail à cette époque, Richard Short, actif entre 1759 et 1761, nous laissera en effet des vues saisissantes de l'état de la ville au lendemain des bombardements de 1759, que ce soit de la place Royale en ruines, de la côte de la Fabrique ou de l'église Notre-Dame, ainsi que des vues panoramiques prises de la rivière Saint-Charles ou de Lévis. Son travail nous est surtout connu par 12 vues célèbres de Québec qui furent gravées et diffusées en Angleterre quelques années après son départ.

Parmi les artistes militaires de

es, drawings or studies, became an autonomous art and was officially recognized in England in 1805. This first school had considerable impact on landscape art in Canada and, following the Conquest, artists across the country began executing a significant number of water colours. This was the beginning of a golden age of itinerant landscape artists who criss-crossed Canada in search of beautiful panoramas, several of which were engraved and sold in England.

The numerous representations of this period reflect the attention and precision with which the military officers executed their work. First among the painter-topographers whose work we know of during this period was Richard Short, active between 1759 and 1761; he presented dramatic scenes of the condition of the city following the bombardments of 1759, including the ruins of Place Royale, the Côte de la Fabrique and Notre-Dame Church, as well as panoramic views of the Saint-Charles River and Lévis. We know his work best for the 12 famous scenes of Quebec City that were engraved and distributed in England several years after his departure.

Among the military artists of this period, two of them, Thomas Davies and George Heriot produced work of true artistic value and established their reputations as the most brilliant artists of this generation. Thomas Davies (1737-1812) was posted in Halifax in 1757 and later Quebec City where he served as lieutenant-colonel for four years, from 1786 to 1790. This amateur artist who produced autumn landscapes of forests, waterfalls and rivers, is considered by many as the true precursor of Cornelius Krieghoff; his canvases abounded in reds, yellows and greens and were among the most colourful of the XVIIIth century. A versatile artist, Davies also demonstrated in other paintings a precise attention to detail,

cette première période, deux d'entre eux, Thomas Davies et George Heriot vont produire un véritable travail artistique et s'affirmer comme les plus brillants représentants de cette génération. Thomas Davies (1737-1812) est en poste à Halifax dès 1757 et se retrouve plus tard à Québec où il servira comme lieutenant-colonel pendant quatre ans, de 1786 à 1790. Les paysages d'automne de cet artiste amateur de forêts, de chutes, de rivières et que plusieurs considèrent comme le véritable précurseur de Cornélius Krieghoff, foisonnent alors de rouges, de jaunes et de verts et sont parmi les plus colorés au XVIIIe siècle. Versatile, Davies fera preuve à d'autres moments d'un souci du détail des plus précis, comme en témoignent son *Québec* (1787) ou sa *Place d'Armes* (1789).

Avec Davies et Short, nous pouvons déjà voir l'importance que va prendre désormais l'art du paysage au Canada et constater un changement majeur quant à la représentation même de la ville. L'imagerie de Québec, de ses édifices et de ses rues, cessera à cette époque de servir à des fins strictement militaires et commencera à connaître une diffusion plus large en Angleterre. Notons aussi qu'en quelques décennies, les Britanniques produiront plus d'images de la ville que les Français ne l'avaient fait au cours des 160 années précédentes.

Alors que Richard Short nous a laissé des descriptions plus "topographiques" de Québec, George Heriot (1766-1844) se situera quant à lui dans la lignée de Davies et nous en présentera un aspect beaucoup plus "esthétique". Heriot, qui a lui aussi étudié à Woolwich sous la direction de Paul Sandby, arrive à Québec en 1791 pour y demeurer jusqu'en 1816. Ce premier artiste anglais à vivre au Canada sur une si longue période occupe à partir de 1800 la fonction de directeur-général des

for example, in his *Québec* (1787) or *Place d'Armes* (1789).

With Davies and Short, we see the beginnings of an important emergence of landscape art in Canada and can verify this major change even in the representations of the city. The prints made of Quebec City during this period, its buildings and streets, no longer served strictly military ends but began to enjoy a larger audience in England. In a few decades, the British produced more representations of the city than the French had made throughout the 160 preceding years.

While Richard Short left us the most topographical depictions of Quebec City, George Heriot (1766-1844) followed in the foot-steps of Davies and left us a much more "esthetic" rendering of it. Heriot, who also studied at Woolwich under Paul Sandby, came to Quebec City in 1791 and stayed until 1816. The first artist to live in Canada for such a long period, he held the post of director-general of the British North America Post Office. The nature of his work allowed him to travel, giving him the opportunity to paint hundreds of water colours of the Canadian landscape from the Maritimes to Niagara Falls. Several of these water colours appeared as engravings in two volumes which were published in 1804 and 1807 as *A History of Canada* and *Travels Through the Canada's*.

We owe him among others the scenes of Quebec City from the Saint-Charles River, from Cap-aux-Diamants, from the western side and a more specific representation from the districts of Saint-Roch and Saint-Jean-Baptiste. Heriot was also interested in the immediate surroundings of the city as indicated by his landscapes of Château Richer and Île d'Orléans. The Royal Ontario Museum in Toronto possesses a superb oil on canvas, *Northwest Part of the City of Quebec,* dated 1805, which still remains today the only one we know of by him in

Postes de l'Amérique du Nord britannique. La nature de ce travail qui l'amène à voyager lui donnera l'occasion de peindre des centaines d'aquarelles du paysage canadien, des Maritimes aux chutes Niagara. Plusieurs de ces aquarelles paraîtront sous forme de gravures dans deux volumes qui seront publiés en Angleterre en 1804 et 1807, *A History of Canada* et *Travels Through the Canada's*.

Nous lui devons entre autres des images de Québec vu de la rivière Saint-Charles, du Cap-aux-Diamants, de l'ouest et une représentation plus spécifique des faubourgs Saint-Roch et Saint-Jean-Baptiste. Heriot va aussi s'intéresser aux environs immédiats de la ville comme en font foi ses paysages de Château-Richer et de l'île d'Orléans. Signalons enfin que le Royal Ontario Museum conserve une superbe huile sur toile, *Northwest Part of the City of Quebec*, datée de 1805, qui demeure aujourd'hui encore la seule que nous connaissions de lui au Canada. Ce tableau au sujet très pittoresque annonce déjà les scènes d'hiver qui vont devenir si populaire à compter de 1830.

De cette première génération de peintres-topographes, certains artistes moins connus ou à la production moins abondante nous ont laissé eux aussi d'intéressantes vues de Québec. Mentionnons les noms de James Peachy, Thomas Patten, James Hunter et enfin William Roebuck à qui nous devons un magnifique panorama de la ville et de sa région immédiate, daté de 1816 et conservé aujourd'hui au Royal Ontario Museum, à Toronto.

Il faudra attendre James Pattison Cockburn et ce que nous pourrions appeler la seconde génération des peintres-topographes anglais, au début des années 1830, pour retrouver une production aussi intéressante et aussi abondante que ce qu'ont produit antérieurement les Short, Davies

Canada. This picturesque painting foreshadows the winter scenes which would become so popular after 1830.

Among this first generation of painter-topographers, certain lesser known artists who were not as prolific also produced interesting scenes of Quebec City: James Peachy, Thomas Patten, James Hunter and William Roebuck who painted a magnificent panorama of the city and the vicinity dated 1816 and held today at the Royal Ontario Museum.

It was not until James Pattison Cockburn and what is referred to as the second generation of English painter-topographers at the beginning of the 1830s that an artist produced paintings as interesting and abundant as those of Short, Davies and Heriot. The officers of this generation, coming to the country during a time of peace, did not have to produce as many topographical documents as their predecessors and, thus, water colour was for them more of a pastime than work. Among these artists who developed at the beginning of the XIXth century a vast visual repertory of North America's oldest city, before mentioning the most famous of them, were the lesser known names of Henry Egerton Baines, James Duncan, Edmund Gilling Hallewell and Arthur James Jones. Also, among the officers associated with the group that arrived in Quebec City during the unrest of 1837-38 were Philip James Bainbridge, Sir Henry William Barnard and James Hope-Wallace who published in Quebec City in 1841 an album of 69 water colours almost all of which were devoted to the city and vicinity.

During this period, we too often see Quebec City from Lévis point or the immediate surroundings and usually characterized by its redoubts, glacis, wharves and the river congested with the inevitable three-mast sailing ships. However, despite the fashion for representing only the

et Heriot. Les militaires de cette génération, arrivant au pays en période de paix, ne seront plus tenus de produire autant de documents topographiques que leurs prédécesseurs et l'aquarelle deviendra pour eux davantage un passe-temps qu'un travail. De ces artistes qui vont développer au début du XIXe siècle un vaste répertoire visuel sur la plus vieille ville d'Amérique du Nord mentionnons, avant d'aborder les plus célèbres d'entre eux, les noms moins connus d'Henry Egerton Baines, James Duncan, Edmund Gilling Hallewell et Arthur James Jones. Signalons enfin, parmi les militaires qui furent associés plus précisément au groupe qui arrive à Québec lors des troubles de 1837-38, ceux de Philip James Bainbridge, sir Henry William Barnard et James Hope-Wallace qui publia à Québec, en 1841, un album regroupant 69 aquarelles presque toutes consacrées à la ville et ses environs.

À cette époque, Québec nous est encore trop souvent montré depuis la pointe Lévis ou ses environs immédiats et se caractérise la plupart du temps par ses redoutes, ses glacis, ses quais et son fleuve inévitablement encombrés de trois-mâts. Cependant, malgré cette mode de ne montrer de la ville que ses monuments, ses bâtiments ou ses sites les plus connus, certains artistes vont innover et en décrire les moeurs, coutumes et activités de ses habitants.

À cet égard, James Pattison Cockburn (1779-1847) fut l'un des artistes les plus prolifiques de ce temps. Formé lui aussi à l'Académie militaire de Woolwich (1795), il fit d'abord un premier séjour au pays, en 1821, où il servit comme commandant d'une compagnie d'artillerie. En 1826, il revient à Québec avec sa famille, à titre de commandant de l'Artillerie royale du Canada, pour un séjour qui devait se prolonger jusqu'en 1832. Pendant ces six années, Cockburn jettera un regard intéressé sur les habitudes et

monuments, buildings or famous sites of the city, some artists began to innovate by depicting the mores, customs and activities of the inhabitants.

In this regard, James Pattison Cockburn (1779-1847) was one of the most prolific artists of his time. Also educated at the Woolwich Military Academy (1795), he made his first voyage to Canada in 1821 where he served as commander of an artillery unit. In 1826, he returned to Quebec City with his family as commander of the Royal Artillery in Canada and stayed until 1832. During these six years, Cockburn observed with interest the habits and daily activities of French Canadians, a constant source of exoticism, and produced an impressive number of water colours, small sepia drawings and preparatory sketches. His works depict ice breakers at work, promenaders around the Château Saint-Louis or sauntering along the narrow streets of Lower Town, people at the market or attending a religious procession. Halfway between a landscape and a genre painting, his scenes revitalized the interest among foreign visitors to the city.

Robert Auchmety Sproule (1779-1845), an Irish artist who immigrated to the country around 1830, was attracted by the capital's cultural and geographical contrasts. Montreal publisher Adolphus Bourne made lithographs of several of his water colours in England and then sold them to the many British who were interested in "Canadian scenes". This practice paralleled the publication of a number of albums, travel articles and literature of a tourist nature which contained these types of engravings; thus, numerous guides were published and some were even reprinted several times.

In 1842, Nathaniel Parker Willis published in London *Canadian Scenery,* a collection of the works of Sproule and the famous itinerant artist William Henry Bartlett (1809-

© Musée du Québec, photo Patrick Altman

View of the Market Place & Catholic Church Uppertown, R.A. Sproule

R. A. SPROULE, DEL.   C. G. CREHEN, CHROMO.

View of the Market Place and Catholic Church, Uppertown, Quebec–1832.

PUBLISHED BY ADOLPHUS BOURNE, MONTREAL, CANADA, 1874.

activités quotidiennes des Canadiens français, sources constantes d'exotisme, et produira une quantité impressionnante d'aquarelles, de petits dessins à la sépia et d'esquisses préparatoires. Ses oeuvres vont tour à tour nous faire voir des coupeurs de glace au travail, des promeneurs aux abords du Château Saint-Louis ou déambulant dans les rues étroites de la basse-ville, des habitants au marché ou assistant à une procession. À mi-chemin entre le paysage et la scène de genre, ces vues vont éclairer sous un jour nouveau l'intérêt qu'offrait alors la ville aux visiteurs étrangers.

Robert Auchmety Sproule (1779-1845), artiste irlandais immigré au

1854), one of the most brilliant artists of the "pittoresque" school; the latter nurtured a romantic perception of the world and exploited the themes of nature's majesty and sovereignity (waterfalls, cascades, ruins, etc.). Bartlett made four journeys to North America during which he criss-crossed Canada from east to west looking for spectacular sites to charm British taste. Other water-colourists, like George Russell-Dartnell (1798-1878) and Coke Smith, who specialized in waterscapes, aptly illustrated the different pictorial expressions of the "pittoresque" school. Whereas Bartlett's atmosphere is often oppressive and the tonalities are obscure and sombre as in *Prescott Gate, The Cita-*

pays vers les années 1830, sera à son tour attiré par les contrastes culturels et géographiques que présente la capitale. L'éditeur montréalais Adolphus Bourne fera lithographier en Angleterre plusieurs de ses aquarelles qui seront ensuite vendues aux nombreux Britanniques intéressés par les "vues canadiennes". Cette pratique allait de pair avec l'édition de nombreux albums, récits de voyage et ouvrages à caractère touristique contenant ce type de gravures; de nombreux guides furent ainsi publiés et certains connurent même plusieurs rééditions.

Ainsi, en 1842, Nathaniel Parker Willis publie à Londres un *Canadian Scenery* qui réunit des oeuvres de Sproule et du célèbre artiste-voyageur William Henry Bartlett (1809-1854), l'un des plus brillants représentants de l'école "pittoresque", cette école qui nourrissait une perception romantique du monde et exploitait les thèmes de la nature majestueuse et souveraine (chutes, cascades, ruines, etc.). Bartlett fera quatre séjours en Amérique au cours desquels il sillonnera le Canada d'est en ouest à la recherche de sites grandioses susceptibles de plaire aux goûts des Britanniques. D'autres aquarellistes, tels George Russell-Dartnell (1798-1878) et Coke Smith, allaient traiter avec la même emphase de Québec et de ses environs. Les vues de John Richard Coke Smith, surtout spécialisé dans les marines, illustrent bien les diverses expressions plastiques de l'école "pittoresque". Tandis que, chez Bartlett, l'atmosphère est souvent oppressante et les tonalités brumeuses, sombres, comme en font foi *Prescott Gate, Quebec, The Citadel, Quebec* ou encore *The Marquet Place, Quebec,* on retrouve chez Coke Smith, entre autres, dans *Quebec,* une lithographie parue à Londres dans un album intitulé *Sketches in The Canada,* une vision à la fois plus vigoureuse et plus claire du paysage

del, *Quebec,* or *The Market Place, Quebec,* in Coke Smith we find, among others in *Quebec,* a lithograph that appeared in London in an album entitled *Sketches in The Canada* which is both a more vigorous and brighter vision of the urban landscape.

Since the arrival of the English topographers and the wave of immigrant artists at the beginning of the XIXth century, Quebec City had always been depicted through the eyes of foreigners and perceived as an exotic land. These many representations, reflecting a European conception of nature, hardly rendered justice, except among a few artists, to the specifics of our climate, our seasons and the particularities of our local flora. Until the middle of the XIXth century, landscape artists were mostly interested by the native populations, Indians as much as French Canadians, and by the particular geography of the city.

THE GOLDEN AGE OF IMAGERY

Parallel to the emergence of the water-colourist-topographers of the second generation, the dawn of the 1830s marked the beginning of a political consciousness manifested in the population by an increasing desire to take charge of its cultural future and preserve the interests of francophones. In art, this patriotic movement translated itself into a resolve to change and modify the pictorial conventions acquired through long contact with foreign tradition.

The art of Joseph Légaré (1795-1855) reflected this taking charge by opening the door to less stereotyped representations of the landscape. His famous scenes of the cholera epidemic in 1834 and the fire of Saint-Roch and Saint-Jean districts in May and June 1845 are eloquent commentaries on dramatic events that were specific to our local history unlike Sproule's dry descriptions, for example. In *Les ruines après l'incendie du*

urbain.

Depuis l'arrivée des topographes anglais et la vague d'immigration d'artistes du début du XIXe siècle, Québec a toujours été dépeint à travers un oeil étranger et perçu comme une contrée exotique. Ces nombreuses vues, tributaires d'une conception européenne de la nature, n'ont que peu rendu justice, sauf chez certains artistes, à la spécificité de notre climat, de nos saisons, à la particularité de notre flore locale. Jusque vers le milieu du XIXe siècle, les paysagistes seront surtout intéressés par les populations "autochtones", indiennes autant que canadiennes-françaises, et par la géographie particulière de la ville.

L'ÂGE D'OR DE L'IMAGERIE QUÉBÉCOISE

Parallèlement à l'émergence des aquarellistes-topographes de la seconde génération, l'aube des années 1830 allait marquer les débuts d'une prise de conscience politique qui se manifeste dans la population par un désir de plus en plus marqué de prendre en charge son avenir culturel et de préserver les intérêts des francophones. En art, ce mouvement patriotique se traduit par une volonté de changer, de modifier les conventions picturales acquises au contact d'une longue tradition étrangère.

L'art de Joseph Légaré (1795-1855) reflètera cette prise en charge en ouvrant la voie à une représentation moins stéréotypée du paysage. Ses célèbres vues de l'épidémie de choléra, en 1834, et des incendies des faubourgs Saint-Roch et Saint-Jean, en mai et juin 1845, sont des commentaires éloquents sur des événements dramatiques spécifiques à notre histoire locale et non plus des descriptions sèches telles que les concevait, par exemple, Sproule. Nous voyons apparaître, dans *Les ruines après l'incendie du Faubourg Saint-Roch* or in *Eboulis du Cap-aux-Diamants*, we see landscapes in which the artist is at the heart of the composition and the viewer directly assists in the scene.

It should be noted that during this epoch numerous illustrators and water colourists came expressly from Europe to cover on the spot certain important events likely to interest their contemporaries. The arrival of the Prince of Wales in Quebec City in 1860 was covered in a highly descriptive fashion by George Henry Andrews, artist-reporter for the *Illustrated London News*.

Cornelius Krieghoff (1815-1872), a native of Amsterdam, was similar to James Pattison Cockburn in his choice of subjects, but his style was completely different. Cockburn's naivety and simplicity would be replaced by the more finished and charged scenes of Krieghoff. Even though he was not chiefly a landscape artist, Krieghoff nevertheless produced several impressive panoramas of Quebec City and the vicinity. A genre painter, he left us scenes such as *Mail-Boat crossing at Quebec, Sleighs racing in front of Quebec, The Ice Boat* and *Tandem Driving, Quebec* all of which share the feature of situating the principal motif in the foreground of an outline of the city. We see Cap-aux-Diamants and the citadel outlined in the distance, thereby placing the action in a more evocative context.

Around the 1860s, the landscape production of the francophone artistic community of Quebec City underwent a period of stagnation; only Krieghoff and a few English water colourists remained interested in depicting Quebec City. This period also marked the emergence of photography, and it is interesting to note that the Quebec City photographer Livernois seemed inspired by the landscape artists and saw the city somewhat in their manner, choosing the same points of interest.

Québec, W.H. Bartlett

Saint-Roch ou dans *Eboulis du Cap-aux-Diamants*, des paysages où l'artiste est au coeur de la composition et où le spectateur peut assister à la scène en direct.

Notons encore qu'à cette époque de nombreux illustrateurs et aquarellistes viennent expressément d'Europe pour couvrir, directement sur place, certains grands événements susceptibles d'intéresser leurs contemporains. Signalons à cet effet la venue à Québec du prince de Galles, en 1860, qui fut couverte d'une façon très descriptive par George Henry Andrews, artiste-reporter du *Illustrated London News.*

Cornélius Krieghoff (1815-1872), natif d'Amsterdam, prendra la même tangente artistique que James Pattison Cockburn au niveau de son choix de sujets, mais son style en sera complètement différent. La naïveté et

Oddly enough, it was the artists of Montreal and a new wave of immigrants that gave new life to the art of Quebec City. In fact, the important artistic contribution of the latter, coupled with the infatuation for this new medium of photography, shook up the artistic landscape and transformed the conventional mode of representing nature, at least for several decades.

Thus, the artist-painters and photographers influenced each other, profiting from this new invention to capture the fleeting effects of light and the complex elements of the landscape. Photography allowed painters to construct their compositions in the studio and to reproduce more salient contrasts, minute details and instantaneous impressions. Its effect on landscape painting was not foreign to a general conception of art which defined itself more and more as a faithful

la simplicité de Cockburn feront place chez Krieghoff à un rendu plus fini et à une mise en scène plus chargée. Bien qu'il ne soit pas principalement identifié comme paysagiste, Krieghoff produisit tout de même plusieurs panoramas impressionnants de Québec et de ses environs immédiats. Peintre de genre, il nous laissera des scènes comme *Mail-Boat crossing at Quebec, Sleighs racing in front of Quebec, The Ice Boat* ou encore *Tandem Driving, Quebec,* qui ont la particularité de toujours situer le motif principal à l'avant-plan d'une esquisse de la ville. Nous pouvons alors voir le Cap-aux-Diamants et sa citadelle se profiler au loin, situant ainsi la scène dans un contexte des plus évocateurs.

Vers les années 1860, la production paysagiste de la communauté artistique francophone de la Vieille Capitale connaît une certaine période de stagnation, seuls Krieghoff et quelques aquarellistes anglais paraissent encore s'attacher à dépeindre Québec et ses environs. À cette époque d'émergence de la photographie, il est aussi intéressant de noter que le photographe Livernois, de Québec, semble s'inspirer des paysagistes en prenant la ville un peu à leur manière, en privilégiant les mêmes points de vues.

Étrangement, ce seront des artistes de Montréal et une nouvelle vague d'immigrants qui vont donner un second souffle à l'imagerie de Québec. En effet, l'apport artistique important de ces derniers, jumelé à l'engouement pour ce médium tout nouveau qu'est la photographie, va bousculer le paysage artistique et transformer le mode conventionnel de la représentation de la nature, au moins pour quelques décennies.

Artistes-peintres et photographes vont alors s'influencer les uns les autres, mettant à profit cette nouvelle invention pour saisir les effets fugitifs de la lumière et des éléments complexes du paysage. La photographie allait retranscription of nature. In Canada, the art critics confirmed and encouraged the idealistic and materialistic intentions of John Ruskin, English critic and artist of the middle of the XIXth century, who gaged talent according to the degree of realism in a subject.

Scottish photographer William Notman (1826-1892) immigrated to Canada in 1856 and collaborated with painters such as Charles Jones Way, Robert Duncanson, John S. Fraser, Henry Sandham and Otto Jacobi. He photographed their canvases, among them numerous scenes of Quebec City, and then published them in albums like *Photographic Selections* (1863), *North American Scenery* (1864) and *Notman's Photographic Selections* (1865).

Lucius O'Brien (1832-1899) was president for 10 years of the Royal Canadian Academy (RCA), an organization devoted to the promotion of Canadian art. In 1879, he met the Marquis de Lorne, Governor General of Canada, who ordered two scenes of Quebec City from him. These paintings, *Québec depuis Pointe Lévis* and *Vue du Bastion du Roi, Québec* were enthusiastically received by the critics. The following year, a third work, *Québec le Jour de la Fête de la Reine,* was commissioned by the royal family. Exhibited at RCA in March 1882, this painting is today part of the collection of Queen Elizabeth II.

In 1882, the Bilden brothers, publishers from Toronto, began the publication *Picturesque Canada,* an album devoted to the most beautiful sites in the country, to be illustrated by Canada's best artists and for which he hired O'Brien as artistic director. The frontispiece of the first volume was decorated with a steel plate engraving taken from his painting *Québec depuis Pointe Lévis.*

The publication of *Picturesque Canada,* despite an enthusiastic

permettre aux peintres de construire leur composition en atelier, de chercher à reproduire des contrastes plus marqués, certains détails infimes, une impression d'instantanéité. Son incidence sur la peinture paysagiste n'est pas étrangère à une conception générale de l'art qui se définit de plus en plus comme une retranscription fidèle de la nature. Au Canada, les critiques d'art confirment et encouragent les propos teintés d'idéalisme et de matérialisme de John Ruskin, critique et artiste anglais du milieu XIXe siècle, qui juge le talent au degré de réalisme du sujet.

Le photographe d'origine écossaise William Notman (1826-1891), immigré au Canada en 1856, collaborera avec des peintres tels que Charles Jones Way, Robert Duncanson, John S. Fraser, Henry Sandham et Otto Jacobi. Il photographiera leurs toiles, parmi lesquelles se trouvent de nombreuses vues de Québec, et les publiera ensuite dans des albums comme *Photographic Selections* (1863), *North American Scenery* (1864) et *Notman's Photographic Selections* (1865).

Lucius O'Brien (1832-1899) fut pendant 10 ans président de l'Académie royale des arts du Canada (A.R.A.C.), organisme voué à la promotion de l'art canadien. En 1879, il rencontre le marquis de Lorne, Gouverneur général du Canada, qui lui commande deux vues de Québec. Ces toiles, *Québec depuis Pointe Lévis* et *Vue du Bastion du Roi, Québec,* seront accueillis avec enthousiasme par la critique. L'année suivante, une troisième oeuvre, *Québec, le Jour de la Fête de la Reine,* lui est de nouveau commandée par la famille royale. Exposé à l'A.R.A.C. en mars 1882, ce tableau fait aujourd'hui partie de la collection de la reine Elizabeth II.

En 1882, les frères Bilden, éditeurs de Toronto, débutent la publication de *Picturesque Canada,* un album consacré aux plus beaux sites du pays

reception, provoked bitter criticism among Canadian artists. The Bilden brothers had, in fact, presented this album as an offering of the best works by painters in the country. However, obliged to do monochromatic drawings and make wood engravings, a process the Canadians controlled with difficulty, they were gradually replaced by American artists.

Thus, American commercial illustrator Fred B. Shell executed, among others, 108 drawings for the second volume. This artist, who had participated before in the illustration of *Picturesque Europe* depicted with the precision of a photographer the famous streets and buildings of Quebec City: the rue Petit-Champlain, the customs house, etc.

This foreign intrusion did not prevent Canadian painters from admiring the works of Americans who had developed a more romantic approach, characterized by the dramatic effects of light. This familiar tendency among painters of the last period of the Hudson school reflected a strong influence of the German school and enjoyed a certain success in Canada.

The American landscape artist Albert Bierstadt, (1830-1902), of German origin and educated in Dusseldorf, was invited to exhibit his works at RCA; curiously, one of them, *Citadel, Québec,* was chosen to represent the Canadian section at the London exhibition in 1887 in honour of the Queen Victoria jubilee. Also participating in this exhibition were William Brymner, Louis-Philippe Hébert, Edson, O'Brien, Fraser and Sandham.

THE TURN OF THE CENTURY

During the 1880s, Canadian artists began to take an interest in Paris, the uncontested art capital of the West. Attracted to the European academies and the renown of their teachers, our artists began an artistic pilgrimage to the motherland.

qui devait être illustré par les meilleurs artistes canadiens et pour lequel ils demanderont à O'Brien d'accepter le poste de directeur artistique. Le frontispice du premier volume sera orné d'une gravure sur acier tirée de sa toile *Québec depuis Pointe Lévis.*

La parution de *Picturesque Canada,* malgré une réception enthousiaste, provoquera une critique acerbe de la part des artistes canadiens. Les frères Bilden avaient en effet présenté cet album comme un recueil des meilleures oeuvres des peintres du pays. Or, tenus d'exécuter des dessins monochromes et confrontés au procédé de gravure sur bois qu'ils contrôlaient avec difficulté, les Canadiens furent peu à peu remplacés par des artistes américains.

Ainsi, l'illustrateur commercial américain Fred B. Shell réalisa entre autres 108 dessins pour le second volume. Cet artiste, qui avait participé auparavant à l'illustration de *Picturesque Europe,* décrit avec une précision de photographe les édifices et les rues les plus célèbres de Québec: l'édifice de la Douane, la rue Petit-Champlain, etc.

Cette intrusion étrangère n'empêchait pas les peintres canadiens de s'intéresser aux oeuvres des Américains qui avaient développé une approche plus romantique, caractérisée par des effets lumineux saisissants. Cette tendance familière aux peintres de la dernière période de l'école de l'Hudson traduisait une forte influence de l'école allemande et connut un certain succès au Canada.

Le paysagiste américain d'origine allemande Albert Bierstadt (1830-1902), formé à Düsseldorf, sera invité à exposer ses oeuvres à l'A.R.A.C. et curieusement l'une d'elles, *Citadel, Quebec,* sera choisie pour représenter la section canadienne à l'exposition de Londres de 1887 en l'honneur du jubilé de la reine Victoria. Participeront aussi à cette exposition les William Brymner, Louis-Philippe Hébert,

Charles Huot (1855-1930), who was residing in Paris in 1878, painted few landscapes. Oriented more toward religious painting, portraits and important historic scenes, he still left us *Québec vu du Bassin Louise* (1902) and *La cour du Séminaire de Québec* (undated) in which he showed a mastery of the subject which merits attention. He was particularly skillful at rendering the atmosphere of a locale which was supported by the arrangement of elements in the composition.

Edmond Lemoine (1877-1922) followed in the footsteps of his first teacher, Charles Huot, and studied in Europe. Despite a brief artistic career, he painted between 1910 and 1914 *Québec, vue de Maizerets, La cour du Séminaire de Québec, Village du Cap-Blanc, le Port de Québec, les Plaines d'Abraham, la Maison de Montcalm, à Québec* and le *Cap-Blanc.* He cultivated a certain patriotic vision of his city in his paintings which is implicit in a broader movement that some described as "country". However, far from always exalting the majesty of the landscape, some of his works like *Masures au Cap Blanc* and le *Foulon* instead revealed deprivation and solitude.

At the beginning of the 1890s, the era of the great panoramas done from Pointe Lévis, the bastion or the citadel drew to a close. In fact, our artists wanted to return a human dimension to the landscape and revitalize their artistic approach. Influenced to varying degrees by the study of esthetics taking place in Europe and the education offered at the famous Académie Julian in Paris where Bouguereau, Lefebvre and Robert-Fleury taught, three of our artists, Maurice Cullen, James Wilson Morrice and Robert Wakeham Pilot, introduced to this country the principals of impressionism and adopted a more personalized approach to it.

The formation of Maurice Cullen

Edson, O'Brien, Fraser et Sandham.

VERS LE XXe SIÈCLE

Au cours des années 1880, les artistes canadiens commencent à s'intéresser à Paris, alors capitale incontestée de l'art en Occident. Attirés par l'enseignement qu'offrent les nombreuses académies européennes et le renom des maîtres qui y travaillent, nos artistes entreprendront un véritable pélerinage artistique vers la mère-patrie.

Charles Huot (1855-1930), que l'on retrouve à Paris en 1878, peindra peu de paysages. Davantage orienté vers la peinture religieuse, les portraits et les grandes scènes historiques, il nous laissera cependant *Québec vu du Bassin Louise* (1902) et *La cour du Séminaire de Québec* (non datée), dans lesquelles il fera montre d'une maîtrise du sujet qui mérite d'être soulignée. Il sera tout particulièrement habile à traduire l'atmosphère du lieu qu'il soutient par le jeu de la composition.

Edmond Lemoine (1877-1922) suit les traces de son premier maître, Charles Huot, et va étudier en Europe. Malgré une brève carrière artistique, il nous laissera, entre 1910 et 1914, *Québec, vue des Maizerets, La cour du Séminaire de Québec, Village du Cap-Blanc, le Port de Québec, les Plaines d'Abraham, la Maison de Montcalm, à Québec* et *le Cap-Blanc*. Dans ses toiles, il cultive une certaine vision patriotique de sa ville qui s'inscrit dans le mouvement plus large que certains ont qualifié de ''terroir''. Cependant, loin de toujours exalter la majesté du paysage, certaines de ses oeuvres, comme *Masures au Cap Blanc* et *le Foulon,* vont au contraire révéler le dépouillement et la solitude.

Au début des années 1890, l'ère des grands panoramas pris de pointe Lévis, du Bastion ou de la Citadelle, s'achève. En effet, nos artistes veulent redonner une dimension humaine au

(1866-1934) and the contacts he maintained with avant-garde painters profoundly marked his style. This artist left us several exceptional scenes of Quebec City. Among them are *Twilight Dufferin Terrace, Levis from Quebec, The Old Ferry, Cap Diamant, Bassin Louise, Québec* and *L'Anse des mères.* Cullen's landscape art is an amalgamation of the precepts of impressionism, academicism and, to a lesser degree, fauvism which he sensitively adapted to the character of our landscape. Cullen's influence was particularly strong among his students at l'Association des Beaux-Arts in Montreal where he taught after 1911.

James Wilson Morrice (1865-1924) was also in contact with the impressionist current. His pictorial art, whether in *Le Vieux Traversier, La Citadelle de Québec* or *Québec, la Citadelle au clair de lune,* arose a little like Cullen's out of a blend of fauvism and impressionism. He was free of the constraints of giving an exact face to the city; his landscapes were only a pretext for exercising his artistic sensibilities and esthetic. This new freedom broke with the tradition of the touristic or pittoresque vision of Quebec City that painters had perpetuated for several generations.

Robert Wakeham Pilot (1898-1967) also attended the Académie Julian from 1922 to 1927. Even though he reflected a certain ''traditionalism'' in his choice of points of interest, his landscapes, such as *Québec vu de Montmorency, Upper Town, Quebec, La Citadelle, Québec vu de Lévis* and *Golden Autumn: Sillery,* all share a sense of freedom in the use of colour. Through his use of high-tone foregrounds, a change in treatment among certain portions of his compositions and the precise localization of contrasting colour touches, we sense Pilot's ease at constructing landscapes and his very confident technique.

Clarence Gagnon (1881-1942),

paysage et renouveler leur approche artistique. Influencés à divers degrés par la recherche esthétique qui avait cours en Europe et l'enseignement donné à la célèbre Académie Julian de Paris où enseignaient les Bouguereau, Lefebvre et Robert-Fleury, trois de nos artistes, Maurice Cullen, James Wilson Morrice et Robert Wakeham Pilot, introduisent au pays les principes de l'impressionnisme et adoptent une approche plus personnalisée de cette tendance.

La formation de Maurice Cullen (1866-1934) et les contacts qu'il entretient avec des peintres avant-gardistes vont marquer profondément le style de cet artiste qui nous a donné plusieurs vues exceptionnelles de Québec. Mentionnons ici *Twilight Dufferin Terrace, Levis from Quebec, The Old Ferry, Cap Diamant, Bassin Louise, Québec* et *L'Anse des mères.* L'art du paysage de Cullen est un amalgame des préceptes de l'impressionnisme, de l'académisme et, à un degré moindre, du fauvisme, qu'il adapte avec sensibilité au caractère de notre paysage. L'influence de Cullen se fera surtout sentir auprès de ses élèves de l'Association des Beaux-Arts de Montréal où il enseignera à partir de 1911.

James Wilson Morrice (1865-1924) sera lui aussi en contact avec le courant impressionniste. Sa pratique picturale, que ce soit dans *le Vieux Traversier, la Citadelle de Québec* ou *Québec, la Citadelle au clair de lune* procède, un peu comme chez Cullen, d'un mélange de fauvisme et d'impressionnisme. Il se libère de la contrainte de donner un visage exact de la ville; ses vues ne seront que prétexte à exercer sa sensibilité artistique et son esthétique. Cette nouvelle liberté face au sujet représenté vient rompre la vision touristique ou pittoresque de Québec que les peintres de plusieurs générations avaient perpétuée.

Robert Wakeham Pilot (1898-1967) fréquentera aussi l'Académie

one of the most distinguished figures in the history of Canadian art, went to Paris in 1900 and settled there permanently until 1909. He was always faithful to his favourite theme, the inhabited landscape. With a master's hand and impeccable skill he emphasized, in *Le Pont de glace à Québec,* the difficulty encountered by a group of sleds crossing the river between Lévis and Quebec City. The use of pink, turquoise, red-orange, lavender and blue-grey demonstrates Gagnon's virtuosity at rendering the intense cold and the particular light of winter.

Son of the famous sculptor Louis-Philippe Hébert, Adrien Hébert (1890-1967) quickly embraced his own artistic career. As a portrait artist, draftsman and landscape artist, his approach combined an impressionist tendency with subjects that favoured an active and industrial urban life. He was the first Quebec City painter to place our landscape in a resolutely modern context. Thus, in *Parc Montmorency, Québec,* he illustrates a historic site without putting any emphasis on its picturesque aspect.

Parallel to this production which illustrates the industrial life of the city, other painters of this generation tried to compromise between the traditional landscape and the recent "modernization" of the artistic approach.

André Bieler (1896), a Swiss artist who arrived in Canada in 1908, was strongly attracted to traditional repre sentations. His wood engravings, *Notre-Dame des Victoires, Québec* and *Rue Champlain, Québec,* united precision with the energetic simplification of the new artistic tendency.

Whereas Bieler rendered a rigid aspect to the city, Simone Hudon (1905-1984) immersed her streets in a hazy atmosphere that was charged with emotion. Inspired by the representations of the end of the XIXth century, she visually itemized the historic sites and buildings. Her work is without a doubt the best example of

Julian de 1922 à 1927. Bien qu'il fasse preuve d'un certain "traditionalisme" dans le choix de ses points de vues, ses paysages comme *Québec vu de Montmorency, Upper Town, Quebec, la Citadelle, Québec vu de Lévis* et *Golden Automn: Sillery*, ont tous en commun une grande liberté du coloris. On sent par l'utilisation de motifs repoussoirs, les changements de traitement entre certaines portions de ses compositions et la localisation précise des touches colorées contrastantes, que Pilot construit avec facilité les paysages et fait montre d'une très grande sûreté technique.

Clarence Gagnon (1881-1942), une des figures les plus marquantes de l'histoire de l'art canadien, ira à Paris en 1900 et s'y installera de façon permanente jusqu'en 1909. Il sera toujours fidèle à son thème favori, le paysage habité. C'est avec une main de maître et un métier impeccable qu'il souligne, dans *le Pont de glace à Québec,* la difficulté que rencontre un groupe de traîneaux traversant le fleuve entre Lévis et Québec. L'emploi de roses, de turquoises, de rouges orangés, de lavandes et de gris bleutés montre avec quelle virtuosité Gagnon exprime le froid intense et la lumière particulière de l'hiver.

Fils du célèbre sculpteur Louis-Philippe Hébert, Adrien Hébert (1890-1967) embrassera rapidement une carrière artistique. Portraitiste, dessinateur et paysagiste, son approche aura la particularité de combiner une certaine tendance impressionniste avec un choix de sujets privilégiant une vie urbaine industrielle et active. Il sera en fait le premier peintre québécois à inscrire notre paysage dans une perspective résolument moderne. Ainsi dans *Parc Montmorency, Québec,* il illustre un site historique sans pour autant mettre l'emphase sur son aspect pittoresque.

Parallèlement à cette production qui met en évidence les activités industrielles de la ville, certains peintres

Vieux-Québec, A. Rousseau

a return to the pittoresque which certain painters practiced. Working in engraving, painting, drawing and water colour this artist produced from the 1930s until 1945 an impressive number of landscapes of Quebec City.

Finally, we arrive at Jean-Paul Lemieux, Albert Rousseau, Francesco Iacurto and, less known, André Garant and Marie-Louise Gignac who have each, in his/her own style, be it naive, expressionist or figurative, contributed to the enrichment of the art of Quebec City. The face of the city, whether in a painting, engraving or water colour, is constantly being reinvented, although recognizably, and continues to evoke the emotions of the different artists who have stopped there or lived there.

de cette génération vont s'efforcer de faire un compromis entre la tradition du paysage et la toute récente ''modernité'' de l'approche artistique.

André Bieler (1896), artiste suisse qui arrive au Canada en 1908, montre une attirance certaine pour les représentations fortement traditionnelles. Ses gravures sur bois, *Notre-Dame des Victoires, Québec* et *Rue Champlain, Québec,* réunissent la précision à la schématisation énergique de la nouvelle tendance artistique.

Alors que Bieler donne un aspect rigide à la ville, Simone Hudon (1905-1984) plonge ses rues dans une atmosphère brumeuse et chargée d'émotion. Elle répertorie visuellement les sites historiques et les édifices patrimoniaux en s'inspirant de représentations de la fin XIXe siècle, et son oeuvre est sans doute le meilleur exemple du retour au pittoresque tel que certains peintres vont le pratiquer. Cette artiste qui travaille la gravure, la peinture, le dessin et l'aquarelle produit à partir des années 1930 jusqu'aux années 1945, un nombre impressionnant de vues de Québec.

Mentionnons enfin Jean-Paul Lemieux, Albert Rousseau, Francesco Iacurto et, moins connus, André Garant et Marie-Louise Gignac qui vont tour à tour, chacun dans le style qui lui est propre, qu'il soit naïf, expressionniste ou figuratif, contribuer à enrichir l'imagerie de Québec. Le visage de la ville, qu'il soit peint, gravé ou aquarellé, est constamment réinventé et pourtant toujours reconnaissable et ne cesse d'exprimer les émotions des différents artistes qui s'y sont arrêté ou qui y vécurent.

En procédant à un bilan provisoire et encore partiel du nombre impressionnant de vues de Québec produites depuis plus de 200 ans, on a tôt fait de constater que cette vieille cité pose aux artistes d'aujourd'hui, avec son héritage culturel imposant, le défi de ne pas succomber au cliché et à la banalité en repartant sans cesse à sa découverte. □

By arriving at a temporary and still partial assessment of the number of impressive landscapes of Quebec City made in the last 200 years, it must be stated that this city with its important cultural heritage poses to the artists of today a challenge to avoid cliché and the commonplace by discovering it again and again. □

Micheline Huard

GILLES BÉDARD

Né en 1954 à Québec, il fera ses études primaires et secondaires dans cette même ville tout en s'intéressant passionnément au dessin. Ensuite, il s'engagera dans la garde côtière, ce qui lui permettra de bourlinguer sans jamais cesser de dessiner et même de peindre. Autodidacte, il a une obsession: se consacrer entièrement à la peinture. En 1986, il va abandonner la sécurité de son emploi pour s'installer avec sa famille à Baie-Saint-Paul où il ouvrira une galerie d'art pour pouvoir y vendre ses propres oeuvres ainsi que celles de ses confrères. Maintenant que la peinture est devenue son gagne-pain, il s'est mis au travail avec encore plus d'ardeur et, même s'il ne vit plus à Québec, a conservé toutes ses attaches avec la Vieille-Capitale où il expose assez régulièrement dans diverses galeries. Doté d'une solide technique, il traite ses sujets aussi bien au pastel et à l'huile qu'à l'acrylique.

Born in 1954 in Quebec City, he attended primary and secondary schools there and developed an avid interest in drawing. He joined the coast guard which allowed him to travel and to draw and even paint at the same time. A self-taught artist, he had one obsession: to devote himself exclusively to painting. In 1986, he abandoned the security of his job to settle with his family in Baie-Saint-Paul in Charlevoix where he opened an art gallery to sell his own works as well as those of his colleagues. Now that painting had become his bread and butter, he settled down to work with great determination. Although he no longer lives in Quebec City, he still maintains connections there and holds exhibitions in different galleries. Gifted with a solid technique, he treats his subjects with equal ease in pastel, oil and acrylic.

Avec Gilles Bédard, le paysage urbain est tout nimbé de mystère grâce à des jeux d'ombres et de plans. La ville est là avec ses formes et ses volumes mais dans son habitat et non dans son vécu quotidien. L'homme en est absent et devient presque un fantôme. Comme d'habitude, l'artiste propose une vision, pas une réalité inscrite dans le concret. Bédard aime Québec, c'est certain, mais les images qu'il en donne relève plus du conte de fées genre "Belle au bois dormant" que d'un récit vécu dans le présent. Ici, pas de tumulte mais un sentiment presque de solitude, un peu comme si le passé était éternel.

Donnacona est une introduction à l'image même de la Vieille-Capitale. Bercée dans le passé, la scène vibre sous nos yeux dans un jeu savant d'ombre et de lumière sur les vieilles maisons. On dirait que le temps s'est arrêté en plein cœur de Québec. Au moyen plan, la chapelle des Ursulines semble barrer la rue qui, pourtant bien vivante sous le pinceau de l'artiste, se trouve dans un vase clos, impression encore accentuée par les couleurs qui retiennent l'attention du spectateur. Le passé et le présent se côtoient intimement entrelacés.

Québec vu de l'île déploie sa magie à l'arrière-plan de ce paysage à l'instar d'une ville-mirage plongée dans un brouillard se prolongeant au-delà de l'horizon. Ici, les couleurs sont plus assourdies pour souligner le caractère magique de la vision. Depuis l'île d'Orléans, l'artiste a voulu en quelque sorte symboliser un rêve en jouant avec les plans et l'étendue d'eau dont la masse ajoute encore au mystère en insistant sur l'impression d'immensité et de profondeur.

Gilles Bédard's urban landscapes are suffused with mystery as a result of his play with shadows and planes. The city exists through its forms and volumes, not its quotidian qualities. Man is absent, almost a ghost. As usual the artist is proposing a vision rather than a concrete reality. Bédard is fond of Quebec City, without a doubt, but the images are more evocative of a fairy tale like "Sleeping Beauty" than a story based on the present. No hustle and bustle here but rather a feeling of solitude and a sense of the eternal.

Donnacona is like an introduction to the image we have of the Old Capital. Cradled in the past, the scene pulsates before our eyes in a skillful play of shadows and light on the old houses. It is as if time has come to a halt in the heart of Quebec City. In the middle ground, the Ursulines chapel appears like a blockade in the street which, however alive under the artist's brush, finds itself cut off from the world; this impression is accentuated by the colours which grab our attention. The past and present are intimately intertwined in this scene.

Québec vue de l'île renders a magical quality to the background of this landscape in which a mirage-city lies immersed in a fog extending beyond the horizon. Here, the colours are muted to emphasize the hypnotic quality of the scene. In this view of Quebec City seen from the island of Orleans, the artist wanted in some way to give it a symbolic value by manipulating the planes and the expanse of water, rendering a sense of mystery by insisting on an impression of vastness and depth.

Québec vu de l'île (1988)
Huile sur toile - Oil on canvas
18″ x 24″ - 46 x 61 cm
Collection: Johanne Marcotte

Rue Donnacona (1988)
Huile sur toile - Oil on canvas
24″ x 18″ - 61 x 46 cm
Collection: Johanne Marcotte

CHRISTIAN BERGERON

Né en 1945 à Clermont, comté de Charlevoix, il s'engage dans l'Armée à l'âge de 17 ans et, une fois démobilisé, travaille dans une usine de pâtes et papiers. Vite lassé de cette vie, il décide en 1965 de suivre son penchant pour la peinture en devenant paysagiste. Pour cela, il va sans cesse parcourir le pays de Charlevoix ainsi que les rues du Vieux-Québec, mêlant ainsi campagne et ville, pour en rapporter des visions inédites. À la recherche de l'authentique, il travaille toujours sur le motif et à la spatule pour donner de la spontanéité à ses toiles. Cet autodidacte utilise une palette où dominent les couleurs de la nature. Il peint également des scènes de genre avec des personnages hauts en couleur. Grand amoureux du terroir, il cherche à communiquer directement l'originalité des lieux et des objets qui lui sont familiers. Membre de l'Institut des Arts Figuratifs.

Born in 1945 in Clermont, Charlevoix county, he enlisted in the Canadian Forces at the age of 17 and after his discharge worked in a paste and paper factory. He soon bored of this life and decided in 1965 to pursue his penchant for painting by becoming a landscape artist. He traveled throughout the region of Charlevoix and roamed the streets of the old section of Quebec City, thus combining country and city in his quest for original material. To capture the authentic he always works outdoors, using a spatula to give his canvas spontaneity. The colours of nature dominate the palette of this self-taught painter. He also paints genre scenes depicting his figures with bold colours. In love with the countryside, he tries to communicate the originality of the places and objects familiar to him. Member of the Institute of Figurative Arts.

C'est sans tricherie que Christian Bergeron aborde la scène qu'il veut peindre sur le motif. Il ne cherche pas à la diluer dans le détail mais, par contre, chaque élément graphique est distinctement défini et représenté dans une gamme de couleurs simples. On entre facilement dans un tableau de cet artiste parce qu'il sait guider le regard tout en l'arrêtant - et c'est ici important - sur les points essentiels de la composition. C'est en plusieurs étapes qu'on "visite" la scène, toujours bien structurée et agrémentée de jeux d'ombre et de lumière. Tout vibre chez Bergeron qui, avec sa spatule, en profite pour jouer avec les reflets de la lumière sur la pâte, doublant ainsi l'effet chromatique.

Porte de l'église anglicane, Québec est traitée avec beaucoup de respect dans un style réaliste. La complexité graphique du plan moyen et l'arrêt des maisons à l'arrière-plan sont remarquablement équilibrés par l'importance de la frondaison qui surplombe la scène dans une dominante verte d'une grande intensité. Mais, en même temps, les tons neutres qui entrent dans le dessin invitent à une certaine méditation sous cette "chapelle" d'ombre et de lumière.

Rue du Parloir rejoint la rue Donnacona devant la chapelle des Ursulines et déploie une diversité de styles qui sentent l'histoire. Les surfaces vertes des toits et les tons verdoyants de la neige donnent une vibration qui illumine les murs relativement neutres. Peu de détails mais qui, chaque fois, ajoutent au caractère de la scène.

Christian Bergeron never relies upon artifice when he paints outdoor. All the graphic elements are distinctly defined and represented with a range of simple colours although he never dilutes the painting with details. It is easy to enter one of his paintings because he knows how to guide the eye, interrupting it -- and this is important -- to focus on the essential points of the composition. Thus, we "visit" the scene in several stages; it is always finely structured and embellished with a play of light and shadows. Everything pulsates in a painting by Bergeron who plays with the reflections of the light on the painting using his spatula; this doubles the chromatic effects.

Porte de l'Église anglicane, Québec is treated respectfully in a realist style. The graphic complexity of the middle ground and the barrier of houses in the background are remarkably well balanced by the intense green of the foliage which overhangs the scene. At the same time, the neutral tones seem to invite our meditation beneath this "chapel" of shadows and light.

Rue du Parloir joins rue Donnacona in front of the Ursulines chapel and displays a diversity of architectural styles reflecting the history of these buildings. The green roofs and verdant tones in the snow pulsate and illuminate the neutral walls. There are few details, but each one adds to the character of the scene.

**Porte de l'église anglicane,
Québec** (1989)
Huile sur toile - Oil on canvas
20'' x 24'' - 51 x 61 cm
Collection: Galerie Symbole Art

Rue du Parloir (1989)
Huile sur toile - Oil on canvas
30'' x 24'' - 76 x 61 cm

NORMAND BOISVERT

Né en 1950 à Trois-Rivières, il décide, à l'âge de 17 ans, de faire de la peinture et installe son premier atelier dans un hangar désaffecté appartenant à son père; il s'y livre sans contraintes au dessin et à l'huile. Par la suite, il suivra des cours en arts plastiques au cégep de Trois-Rivières puis à l'université du Québec à Trois-Rivières, tout en se rebellant contre le système. Ce qui ne l'empêchera pas de devenir professeur de peinture au Cap-de-la-Madeleine de 1970 à 1980. Par la suite, il va acquérir une maison dans cette ville où, à partir de 1981, il fondera sa propre école de peinture. En 1984, afin de se consacrer entièrement à son art, il fermera cette école qui remportait pourtant un certain succès. En 1975, il recevra le Premier prix du Grand Prix d'été et, en 1976, la médaille du Festival. Il expose régulièrement dans plusieurs galeries du Québec.

Born in 1950 in Trois-Rivières, he began to paint at the age of 17 and set up his studio in an unused warehouse belonging to his father; there he felt free to surrender himself to his drawing and painting. He took art courses at the CEGEP in Trois-Rivières and then at the Université du Québec in the same city, but all the while he rebelled against the system. Nonetheless, he ended up teaching painting in Cap-de-la-Madeleine from 1979 to 1980. He bought a house there and started his own school of painting in 1981. In 1984 he closed the school which had brought him a certain degree of success and devoted himself full-time to his own art. In 1975 he won first prize in the Grand Prix d'été and, in 1976, the Festival medal. He holds regular exhibitions in several Quebec City galleries.

L'état d'âme d'une maison ancienne, voilà la démarche de Normand Boisvert quand il part explorer les rues de Québec. Pour lui, à partir d'une simple vision, il est capable de recréer toute une atmosphère. Un coin de rue, une porte d'un autre siècle et voilà l'artiste qui part dans un voyage temporel pour mieux en comprendre l'histoire. Avec des couleurs vivantes et contrastantes, il ressuscite un mode de vie pour revenir l'incarner dans le présent. Rien de triste ici mais bien une volonté de vivre en dépit des incertitudes de l'histoire. Avec lui, le spectateur a envie d'entrer dans son tableau pour le suivre dans les rues de la Vieille-Capitale.

Rue du Fort, à deux pas du Château-Frontenac, offre à la vue du promeneur cette maison d'angle qui abrite le musée du Fort, sanctuaire de l'histoire militaire de Québec sous les Régimes français et anglais. Pas loin, c'est aussi la terrasse Dufferin. Sur les pans de mur aux ombres crues, le soleil fait ressortir la blancheur des deux façades du musée. Dans son géométrisme, le toit apporte une note fantaisiste qui fait contraste par ses gris et ses verts avec les orangés des auvents.

Restaurant aux Anciens Canadiens, sur la rue Saint-Louis, devient dans cette scène l'élément capital d'une géométrie rigoureuse mais également assouplie par une perspective d'un caractère typiquement québécois. Ce qui n'empêche pas le regard de s'attarder sur la rue en pente qui semble mener à une autre dimension de la ville où l'agitation serait plus évidente. Le restaurant est installé dans la maison Jaquet, construite en 1675, et vit aussi bien dans le présent que dans le passé.

When Normand Boisvert explores the streets of Quebec City, he is most attracted to the soul of the old houses that seems to emanate from within. By taking a simple scene, he is able to recreate a whole atmosphere: a street corner, an old door from another century and an artist who leaves on a journey through time. Using vivid and contrasting colours, he revives another era and incarnates it in the present. There is no nostalgia here, simply the artist's desire to affirm himself in the present by depicting the uncertainties of history. Like the artist, we, too, have a desire to enter the painting and stroll down the streets of the Old Capital.

Rue du Fort, two steps from Château Frontenac, offers this view of the corner house that shelters the Musée du Fort, archives of the military history of Quebec City under the French and English regimes. Nearby is Dufferin Terrace. The rising shadow on one section of the wall brings out the whiteness of the two facades of the museum that reflect the sun. The geometry of the roof gives it a whimsical quality and provides a contrast between its greys and greens and the orange of the awnings.

Restaurant aux Anciens Canadiens, on rue Saint-Louis, is the central element in this rigorously geometrical scene that is tempered by a typically Quebecois perspective. The eye lingers on the sloping street which seems to lead to another part of the city where there is more activity going on. The restaurant occupies the Jaquet house, built in 1675, and lives as much in the present as in the past.

Rue du Fort (1988)
Huile sur toile - Oil on canvas
24″ x 20″ - 61 x 51 cm

Restaurant Aux Anciens Canadiens (1988)
Huile sur toile - Oil on canvas
24'' x 20'' - 61 x 51 cm
Collection: E. Jacques Tremblay

ALBERT V. BREAU

Né en 1941 à Moncton, au Nouveau-Brunswick, il grandira sur la ferme de son grand-père mais n'apprendra pas à lire ni à écrire avant d'avoir 18 ans. En 1955, il quittera sa province natale pour tenter l'aventure à Montréal où il exercera mille et un métiers. Il deviendra boxeur, carrière qu'il suivra pendant plusieurs années. Il apprendra la peinture sans l'aide de personne et, ayant réussi à développer un style qui lui soit propre sans être naïf, il se lancera dans ''l'arène des arts'' en 1972. Aimant se déplacer, il plante souvent son chevalet portatif dans les rues de Québec, ville qu'il préfère à toute autre, et peint des scènes en plein air qu'il terminera plus tard dans le calme de son atelier. Également poète et romancier. Il expose souvent tant au Canada qu'aux États-Unis.

Born in 1941 in Moncton, New Brunswick, he was raised on his grandfather's farm; he did not learn to read or write until he was 18 years old. In 1955, he left his native province to try his luck in Montreal where he practiced many different trades. He became a boxer, a career he pursued for several years. With assistance from no one, he taught himself how to paint, developing a style of his own without being naïve. In 1972, he launched himself in the ''arts arena''. He liked to move around, setting up his portable easel in the streets of Quebec City, the city he preferred most, finishing the outdoors scenes later in the quiet of his studio. He is also a poet and writer. His work is on frequent exhibition in Canada and the United States.

La vision d'Albert Breau en est une solidité et de profondeur dans les plans. L'habitat humain le préoccupe dans sa présence quotidienne. Cet artiste n'ira pas imaginer la scène urbaine qu'il peindra. Non, il s'implantera solidement dans le présent comme un témoin intéressé. Même si le passé offre un climat spécial au détour d'un quartier ou d'un pâté de maisons, c'est la vue d'ensemble qu'il saisira, une vue bien inscrite dans le temps qui passe. En tant qu'unité de vie, l'être humain devient presque secondaire. Pour Breau, le tout est plus important que l'individu et le dépasse dans sa force concentrée.

Les toits de Québec est un tableau qui déroule, d'un plan à l'autre, le panorama géographique de la ville, entre fleuve et montagnes. La chaîne des Laurentides, au nord-est, semble arrêter la vision pour la ramener sur l'activité humaine avec ses toits, son autoroute longeant le fleuve, ses cheminées qui fument. Au premier plan, le bleu-mauve du toit rejoint les montagnes au loin par-dessus les tons clairs de l'agglomération urbaine. Dans le coin gauche, un arbre jette une note presque incongrue mais combien vivante sur la scène qui ressemble à un diaporama.

Dans la Basse-ville de Québec, le regard est également arrêté, pour des raisons de perspective en raccourci, par la dernière rangée de maisons et l'Archevêché, derrière la ligne des remparts. Un véritable jeu de construction auquel s'est livré l'artiste pour illustrer la diversité de l'architecture, donc de l'histoire, de la Vieille-Capitale. Il en a également profité pour jouer avec les formes, les volumes et les couleurs qui donnent à l'ensemble une impression presque naïve sinon authentique.

Albert Breau's vision is one of solidity and depth in the planes. He is preoccupied with the human environment in its daily context. This artist does not rely upon his imagination to paint a city scene. On the contrary, he fixes himself solidly in the present and observes. Even if the past offers a particular atmosphere in the bend of a street or a row of houses, he sees the total scene, that is, one which is fully implicated in the present moment. Man is almost secondary in this vision. For Breau, the whole is more important than the individual and surpasses him in its concentrated force.

Les toits de Québec is a painting that unfolds the geographic panorama of the city from one plane to the next, from the mountains to the river. The Laurentian chain to the northeast, stops the eye and returns its focus to the jumble of roofs, the autoroute along the river and the smoking chimneys. The blue-mauve roof in the foreground links up with the mountain range in the distance with the brighter tones of the city in between. The tree in the left-hand corner is almost incongruous but breathes with life in this painting that resembles a diorama.

Dans la basse-ville de Québec is a painting in which the eye is interrupted, for reasons of perspective and foreshortening, by the last row of houses and the Archbishopric behind the ramparts. By using a building blocks effect, the artist illustrates the diversity of architecture, and thus the history, of the Old Capital. He plays with the forms, volumes and colours to give the whole an almost naive impression.

Les toits de Québec (1988)
Huile sur panneau - Oil on panel
24'' x 28'' - 61 x 71 cm

Dans la Basse-Ville de Québec (1989)
Huile sur panneau - Oil on panel
24″ x 30″ - 61 x 76 cm

GILBERT BRETON

Né en 1939 à Warwick dans la région des Bois-Francs, il vit à Victoriaville où il poursuit une carrière dans l'enseignement tout en peignant régulièrement aussi bien sur le motif qu'en atelier. Après des études secondaires à Victoriaville, il étudiera de 1930 à 1965 à l'Institut des Arts appliqués de Montréal, dirigé par Jean-Marie Gauvreau, où il remportera le prix de thèse de cette institution. D'abord animateur d'ateliers de peinture, il deviendra en 1978 professeur de peinture à l'Éducation des adultes de la Régionale des Bois-Francs. Il recevra plusieurs distinctions dont le trophée du Festival de la peinture en 1981. Fin observateur, il adore se mêler à la foule dans les vieilles rues de Québec pour en tirer des scènes pleines d'animation. Il expose régulièrement au Québec et il a participé à une exposition itinérante, **Visages de mon pays**, organisée par la Maison de la Francophonie. Il s'intéresse surtout à l'huile, à l'aquarelle et à la gouache dans un style plus réaliste qu'impressionniste.

Born in 1939 in Warwick of the Bois-Francs region, he presently lives in Victoriaville where he teaches and paints regularly both outdoors and in his studio. After finishing high school in Victoriaville, he studied from 1960 to 1965 at Montreal's l'Institut des Arts appliqués which was under the direction of Jean-Marie Gauvreau. He won this institution's prize for best thesis. For a while he was an organizer of painting workshops, then in 1978 he became a painting instructor for the Department of Adult Education of Bois-Francs. He has received many distinctions, one of which was a trophy for the Festival de la peinture in 1981. He enjoys observing and mingling with the crowds in the old section of Quebec City, creating scenes which are full of life. He participated in a travelling exhibition, **Visages de mon pays**, organized by the Maison de la Francophonie and holds regular exhibitions in Quebec. He paints in a style that is more realist than impressionist, using oil, water colour and gouache.

L'être humain est un élément dominant dans les tableaux de Gilbert Breton. Qu'il s'agisse d'un petit groupe ou d'une foule, la scène en est toujours une d'atmosphère et d'animation. Le paysage urbain devient un prétexte pour la présence des personnages. Des touches de pinceau aux couleurs franches, sans mélange inutile, apportent un soutien chromatique au graphisme et au géométrisme de la composition. Le ciel donne toujours le ton et détermine l'ambiance de la scène. Les formes volutées des nuages contrastent avec les lignes rigoureuses des volumes des maisons.

Rue du Trésor, Vieux-Québec dépeint l'animation à la fois calme et fiévreuse de cette rue à caractère touristique. Les multiples taches de couleurs, presque impressionnistes, provoquent un scintillement chromatique qui s'oppose aux couleurs franches des murs et des toits. L'ambiance est agréable et s'inscrit, sur le plan esthétique, dans une vision du présent. Scène de genre s'il en est, on y trouve tous les éléments qui font de cet artiste un conteur-né. La perspective permet à l'oeil du promeneur de s'engager à son tour dans cette rue pour se joindre à la foule.

Place Royale d'antan présente une autre vision de Québec, une scène plus intime, vécue un jour de pluie. C'est en quelque sorte une étude de contrastes: dans les formes, les couleurs, les attitudes, les tensions linéaires, les fausses perspectives. Néanmoins, tout concourt à donner une forme rigoureuse aux plans et à la composition. Une scène plus proche de la réalité quotidienne que la précédente. Plus détaillés, les personnages dégagent une réalité presque excessive dans ce quartier en bordure du Saint-Laurent et si riche en souvenirs historiques.

The human presence is a dominant element in Gilbert Breton's paintings. Whether the scene depicts a small group or a crowd, it is always full of atmosphere and life. The urban landscape becomes a pretext for his scenes of people. The bold colours, without any superfluous blending, provide a chromatic support to the graphics and geometry of the composition. The sky always gives the tone and determines the ambiance of the scene. The voluted clouds contrast with the rigorous lines of the volumes of the houses.

Rue du Trésor, Vieux-Québec depicts both the calm and the activity of this street so popular among tourists. The almost impressionistic dappling of colour creates a shimmering chromatic effect which is opposed to the vivid colours of the walls and roofs. The ambiance is refreshing and, on the esthetic level, very much a vision of the present. It is a genre painting, containing all the elements that make this artist a born story-teller. The perspective allows a promenader to take in this street scene and eventually become part of the crowd.

Place Royale d'antan offers a more intimate scene of Quebec City on a rainy day. It is almost a study in contrasts: of forms, colours, attitudes, linear tensions, false perspectives. Everything competes to give a rigorous form to the planes and the composition. This scene is closer to day to day reality than the preceding one. More detailed, the people are dressed in the finery of another era, giving this district that borders the Saint Lawrence a realism that speaks of history and continuity.

Rue du Trésor, Vieux-Québec (1988)
Huile sur masonite - Oil on masonite
20'' x 16'' - 51 x 40,5 cm
Collection: Claude U. Lefebvre

Place Royale d'antan (1988)
Huile sur masonite - Oil on masonite
20″ x 16″ - 51 x 40,5 cm
Collection: Hélène Rouette

UMBERTO BRUNI

Né en 1914 à Montréal, il travaillera d'abord comme apprenti dans l'atelier de l'architecte-peintre Guido Nincheri, le décorateur du Château-Dufresne. Ainsi, sur une période de quatre ans, il va s'initier au dessin, à la peinture, à la décoration, à la fresque et au vitrail. En fait, de 1930 à 1938, il suivra également des cours du soir puis du jour à l'École des Beaux-Arts de Montréal où il rencontrera Francesco Iacurto, lequel deviendra aussi un peintre fort apprécié et son ami fidèle. Même diplômé, il devra attendre jusqu'en 1947 pour commencer une longue et fructueuse carrière de professeur à l'École des Beaux-Arts de Montréal où il inaugurera un cours de fresque avec Stanley Cosgrove. À partir de 1969, il enseignera à l'université du Québec à Montréal dont il sera le fondateur-conservateur de la galerie. Il prendra sa retraite en 1980 pour ne plus faire que de la peinture. Membre d'honneur de l'Institut des Arts Figuratifs, il aime autant peindre des paysages de ville que de campagne, le plus souvent sur le motif. Détenteur de nombreux prix et distinctions. Académie Royale du Canada.

Born in 1914 in Montreal, he worked as an apprentice in the studio of architect/painter Guido Nincheri, the interior decorator of the Château-Dufresne. Thus, over a period of four years, he learned drawing, painting, interior decoration, fresco and stained-glass window making. In fact, from 1930 to 1938, he took night courses, then day courses, at l'École des Beaux-Arts in Montreal where he met Francesco Iacurto who also became a highly respected painter and close friend. Even with his degree in art, he had to wait until 1947 before beginning his long and fruitful career as a professor at the Montreal École des Beaux-Arts where he inaugurated a fresco course with Stanley Cosgrove. In 1969, he taught at l'Université du Québec in Montreal where he became the founder/curator of the gallery. He retired in 1980 so he could paint exclusively. An honorary member of the Institute of Figurative Arts, he likes to paint city and country landscapes outdoors. He holds many awards and distinctions. Royal Canadian Academy.

Avec Umberto Bruni, la poésie entre par la grande porte dans les paysages urbains de Québec. Surtout à cause de la simplicité de la démarche de l'artiste qui n'impose pas mais plutôt présente au spectateur une vision lyrique tout en restant dans un réalisme relativement discret. Très attentif aux détails comme à l'ensemble du sujet, Bruni nous livre toujours une scène "comme si nous y étions", à la différence près qu'il y apporte le souci d'un dialogue entre la toile et le regard. La richesse des jeux d'ombre et de lumière, l'authenticité du paysage, la présence réservée des personnages, tout cela propose une note de fraîcheur comme on en voit peu. En fait, chaque tableau reste classique tant dans son traitement que dans son interprétation.

La maison Lemieux, Québec, face au fleuve, a survécu aux ravages du temps avec son pare-feu, dans la Basse-Ville. D'un style très Régime français, elle se distingue à peine des autres maisons qui l'accompagnent dans son destin architectural. Entre fleuve et château, elle offre une géométrie classique dans la forme comme dans la masse, avec un éclairage qui laisse dans l'ombre la façade comme pour mieux la détacher, sans l'isoler, de son environnement.

Escalier au bout de la rue Buade, l'un des nombreux escaliers en bois permettant d'aller d'un niveau à l'autre de la Vieille-Capitale, est une scène presque bucolique aux abords de la Basilique Notre-Dame. Toujours d'intéressants jeux d'ombre et de lumière qui assouplissent la composition rigoureuse de la scène. En plus, l'heureux mariage des verts et des brun-beige dans cette composition qui contient bon nombre de lignes obliques, dégage une belle amplitude de vision malgré le raccourci graphique.

A poetic quality suffuses Umberto Bruni's paintings of Quebec City. The simplicity of his approach offers the viewer a lyrical vision that is also based on a relatively restrained realism. Attentive to details as well as the subject itself, Bruni always gives us a scene "as though we were there", except that he brings to it a concern for dialogue between the canvas and the eye. The rich play of shadows and light, the authenticity of the landscape, the reserve of his figures, all combine to give his work a freshness that is unique. His paintings are classical in their treatment and interpretation.

La maison Lemieux, Québec, facing the river in Lower Town, has survived the ravages of time with its fire shields. The Lemieux house, representative of French regime architecture, is barely distinguishable from the other houses beside it. Situated between the river and the château, the house is classical in form and mass; the illumination places the facade in a shadow as if to highlight the building without isolating it from its environment.

Escalier au bout de la rue Buade features one of the many wooden stairways that connect one level with the next in the Old Capital; this scene near the Notre-Dame Basilica is almost bucolic. An interesting play of shadows and light softens the strict composition of the scene. Moreover, the happy blend of greens and brown-beige in this composition containing many diagonal lines provides ample vision despite the graphic foreshortening.

La maison Lemieux, Québec (1970)
Huile sur toile - Oil on canvas
24'' x 20'' - 61 x 51 cm

Escalier au bout de la rue Buade (1965)
Huile sur toile - Oil on canvas
20″ x 16″ - 51 x 41 cm

SERGE BRUNONI

Né en 1938 à Ligny-en-Barrois, en Lorraine, il travaillera en usine dès l'âge de 14 ans puis, à l'âge du service militaire en France, il partira à Brazzaville, ex-Congo français, où il restera trois ans. Une fois démobilisé, il s'habituera mal de vivre dans son pays natal et décidera en 1963 de s'installer au Canada, plus exactement à Trois-Rivières où il habite depuis. C'est seulement en 1970 que, autodidacte, il peint ses premiers tableaux, attiré surtout par les grandes scènes des paysages urbains comme à Québec. Il présentera sa première exposition solo en 1976 et, quatre ans plus tard, il exposera au Centre culturel de Drummondville 32 tableaux sous le thème ''On prend toujours le train pour quelque part'' où il fait revivre l'époque du train à vapeur. Via Rail lui en achètera neuf pour sa collection. En 1983, il exécutera 17 tableaux sur les Forges du Saint-Maurice à partir de vieux documents. Depuis lors, il ne cesse de peindre le quotidien de la grande ville.

Born in 1938 in Ligny-en-Barrois, in Lorraine, he worked in a factory when he was 14 years old, then, when he reached the age of military service in France he left for Brazzaville, the French ex-Congo, where he remained three years. When he was discharged from the army he found it difficult to live in his native country and decided in 1963 to settle in Canada in Trois-Rivières where he has remained. A self-taught painter, it was not until 1970 that he began to paint in earnest, drawing his inspiration from the urban landscape of Quebec City. He held his first one-man show in 1976 and four years later exhibited 32 paintings at the Centre culturel in Drummondville under the theme ''We always take the train somewhere'' in which he featured the era of the steam engines. Via Rail bought about nine paintings for its collection. In 1983 he made 17 paintings of the Saint-Maurice foundry taken from old documents. Now he paints the daily life of Quebec City.

Les bains de foule, l'animation d'un quartier, voilà qui retient assurément Serge Brunoni dans ses scènes de Québec. L'histoire y est toujours présente par la patine qui recouvre les souvenirs du passé. Cependant, cette présence est comme vivifiée par le quotidien d'aujourd'hui, héritier d'une longue continuité d'événements. Le moderne côtoie l'ancien. Pour concrétiser ses visions, l'artiste fait appel à une multitude de taches de couleurs et de détails qui animent la scène. Avec lui, les bâtiments ne sont pas des accessoires mais plutôt des éléments qui soutiennent les différents plans de la composition.

Québec, porte Saint-Jean déploie une animation humaine renforcée par une grande diversité de couleurs et par la présence presque massive des maisons bordant cette rue, peut-être la plus passante de Québec. La porte Saint-Jean, reflet d'un lointain passé militaire, semble couper en deux l'activité quotidienne des passants. Le regard soupçonne ce qu'il y a derrière, tout en se concentrant sur la scène proprement dite.

La rue et la porte Saint-Louis, autre scène de Québec, nous rappelle l'unicité de cette ville dans son destin de Vieille-Capitale. Dans cette scène, les maisons serrées l'une contre l'autre donnent une vision de vie intense. La scène, telle que présentée, en dit long également sur la presque insouciance des gens qui déambulent dans cette rue de la Basse-Ville. Ce tableau et celui qui précède sont de véritables documents socio-historiques en même temps que des compositions bien structurées et parlant par elles-mêmes.

The crowds, the vitality of a district, these are the things that interest Serge Brunoni in his scenes of Quebec City. History is always present in the patina which covers the memories of the past. However, this presence is revitalized by the quotidian reality of today, heir of a long continuity of events. The modern lives with the old. To concretize this vision, the artist applies a rich dappling of colour and detail which give life to the scene. For him, the buildings are not accessories but the elements that support the different planes of the composition.

Québec, porte Saint-Jean depicts the hustle and bustle of the district supported by a great diversity of colours and the almost massive houses bordering the street, possibly the busiest in Quebec City. The Porte Saint-Jean, symbol of a distant military past, seems to cut in half the flow of the passers-by. The eye ponders what lies beyond while concentrating on the scene itself.

La rue et la porte Saint-Louis, reminds us of the uniqueness of this city in its destiny as the Old Capital. The houses, crammed tightly together, give an impression of intensity. The nonchalance of the people strolling along this main street in Lower Town speaks for itself. This painting and the one that precedes it are socio-historical documents as well as highly structured compositions.

Québec, porte Saint-Jean (1988)
Huile sur toile - Oil on canvas
30'' x 40'' - 76 x 102 cm
Collection: Raymond, Chabot, Martin, Paré

La rue et la porte Saint-Louis (1988)
Huile sur toile - Oil on canvas
30'' x 40'' - 76 x 102 cm
Collection: Les Entreprises Claubol Ltée

JACQUES DE BLOIS

Né en 1932 à Québec, il suivra dès l'âge de six ans des cours de dessin au pensionnat Saint-Louis-de-Gonzague puis avec Benoit East et Jean-Paul Lemieux à l'École des Beaux-Arts de Québec. Mais c'est l'architecture qui va bientôt l'attirer et qu'il étudiera à l'École des Beaux-Arts de Montréal. Défenseur du patrimoine québécois, il consacrera de nombreuses années à restaurer des bâtiments et des quartiers d'autrefois comme le Quartier Petit-Champlain à Québec. Toute sa vie, il n'arrêtera pas de peindre et, en 1974-75, il se rendra à Paris pour apprendre auprès du peintre Jean Richez. Ces dernières années, il a suivi des cours et participé à des ateliers sous la direction de Saint-Gilles et de Rémi Clark. Désormais, il délaisse l'architecture au profit de la peinture qu'il pratique sur le motif à Québec mais également à la campagne, deux sources d'inspiration pour lui.

Born in 1932 in Quebec City, he took drawing courses from the age of six at Saint-Louis-de-Gonzague boarding school; he later studied under Benoit East and Jean-Paul Lemieux at the École des Beaux-Arts in Quebec City. Pursuing an interest in architecture, he also studied at the École des Beaux-Arts in Montreal. A champion of the Quebec heritage, he devoted many years to the restoration of buildings and old neighbourhoods such as the Quartier Petit-Champlain in Quebec City. Throughout his life he has never ceased painting and in 1974-75 he left for Paris to study with the painter Jean Richez. In the last few years, he has taken courses and participated in workshops with Saint-Gilles and Rémi Clark. After that, he left architecture for painting, working outdoors in Quebec City and in the countryside, two sources of inspiration for him.

L'authenticité est toujours pour Jacques de Blois ce qu'il y a de plus important dans les scènes qu'il peint de sa ville natale. Ce qui n'empêche pas une certaine liberté dans le traitement et une pointe d'humour. Rigoureuse dans sa perspective, la composition respecte les règles de l'**art royal** de l'architecture mais aussi, dans le jeu des formes et des volumes, présente ce qu'on pourrait appeler des "incertitudes", c'est-à-dire une vision presque incongrue des volumes dans la répartition des éléments. De Blois aime baigner son paysage urbain dans une lumière savamment étudiée et diluée pour mieux définir l'atmosphère de l'heure ou de la journée.

Le Vieux-Québec, à partir de la rue Donnacona, met en relief l'édifice Price, monstre massif essayant d'écraser les clochers élancés du quartier de l'Hôtel-de-Ville. La ligne oblique du faîte du mur, au premier plan, allège la lourdeur voulue des bâtiments. En bas à droite, la présence du prêtre en soutane rappelle le passé religieux de Québec tout en apportant avec les taches rouges, un contraste qui rehausse la froideur des bleus des bâtiments et du ciel. Ce personnage apporte une subtile note humoristique à la scène.

Rue Petit-Champlain, Québec, au bas de la terrasse Dufferin, est un tableau qui surprend par sa composition où le regard s'enfonce directement au centre pour s'arrêter au plan moyen, malgré la présence de maisons sur la droite et le prolongement de la rue. La scène offre une joyeuse opposition de blancs et de rouges, tempérée par des gris-bleus étalés sur les trois plans. Composition subtile car elle permet d'apprécier le minimalisme de l'arrière-plan au même degré que les autres volumes de la composition.

For Jacques de Blois, authenticity is the most important consideration when he paints a scene of his native city. Nonetheless, there exists a certain freedom and humour in his treatment. With its rigorous perspective, the composition respects the classical rules of architecture, but it also, in the play of forms and volumes, offers some "uncertainties", that is, an almost incongruous vision of the volumes in the distribution of elements. De Blois is fond of bathing his urban landscape in a skillfully studied and diluted light to give a better definition to the atmosphere at that particular hour or day.

Le Vieux-Québec, seen from the rue Donnacona, places the Price building in relief, a colossus of a structure that effaces the soaring steeples of the City Hall district. The diagonal line forming the wall in the foreground alleviates the heaviness of the buildings. In the lower right the priest in a cassock recalls Quebec City's religious past and the touches of red clothing create a contrast to the cold blues of the sky and buildings. The figure brings a subtle note of humour to the scene.

Rue Petit-Champlain, Québec, at the bottom of Dufferin Terrace, catches the eye with its composition and plunges it directly into the centre to stop at the middle ground, despite the houses on the right and the prolongation of the street. The scene offers a joyful opposition of whites and reds, tempered by the grey-blues extending across the three planes. It is a subtle composition that invites an appreciation of the minimalism of the background as well as the other volumes in the composition.

Le Vieux-Québec (1989)
Acrylique sur masonite - Acrylic on masonite
10'' x 12'' - 25,5 x 30,5 cm
Collection: Roy & Gagné

Rue Petit-Champlain, Québec (1989)
Acrylique sur masonite - Acrylic on masonite
10'' x 14'' - 25,5 x 35,5 cm
Collection: Danielle & Alain Aubut

LITTORIO DEL SIGNORE

Né en 1938 à Sulmona, en Italie, patrie du poète latin Ovide, il grandira dans une société paysanne sous la dictature fasciste. Faisant mille et un travaux pour s'acheter des couleurs afin de peindre, il deviendra aussi photographe itinérant. En 1952, il sera l'élève de Panfilo Del Beato pendant cinq ans. À 21 ans, il part en France où il étudie à l'École des Beaux-Arts d'Annecy tout en gagnant sa vie comme peintre en bâtiment et musicien dans les bals. En 1965, il travaillera comme artiste-décorateur pour une société de produits de beauté puis retournera en Italie en 1969. Il y tiendra de nombreuses expositions jusqu'à son départ en 1978 pour Montréal où, en six ans à peine, il deviendra l'un des peintres les plus appréciés de sa génération. Séduit par la vie quotidienne, il aime les scènes pleines de vie dont il est le témoin aussi bien en ville qu'à la campagne, particulièrement à Québec et en Charlevoix. Au cours de sa carrière, il a remporté de nombreux prix nationaux et internationaux. Membre de l'Institut des Arts Figuratifs.

Born in 1938 in Sulmona, Italy, father-land of the Latin poet Ovid, he grew up among the peasantry during the fascist dictatorship. He worked at a number of jobs in order to buy the art supplies he needed to paint; he also became a roving photographer. Beginning in 1952, he studied under Panfilo Del Beato for five years. At 21, he left for France where he studied at l'École des Beaux-Arts in Annecy, while earning his living as a house painter and dance hall musician. In 1965, he worked as an artist-decorator for a beauty product company then returned to Italy in 1969. He held many exhibitions there before arriving in Montreal in 1978 where, in barely six years, he has become one the most respected painters of his generation. Drawn to the quotidian, he enjoys painting city and country scenes, especially of Quebec City and the Charlevoix region. During his career, he has won numerous national and international prizes. Member of the Institute of Figurative Arts.

La saison d'hiver est, pour Littorio Del Signore, une période qui le passionne parce qu'il peut transcrire sur la toile des jeux chromatiques dans la neige et dans le ciel pour en soutenir la composition. Le milieu bâti n'est plus qu'un prétexte pour refléter la lumière ambiante. Il illustre cette atmosphère qui le caractèrise en la baignant dans une lumière mystérieuse et presque magique. Chacun de ses paysages, tant urbains que ruraux, offre une réalité déformée par le secret de sa vision. La gamme des couleurs tourne autour des rosés que viennent renforcer des tons neutres pour permettre de vivants contrastes dans les jeux d'ombre et de lumière. Chez lui, la perspective est plus une question d'équilibre que de profondeur visuelle.

Québec au crépuscule donne une vision idyllique d'un quartier qui s'assoupit à la tombée de la nuit, un peu à la manière d'autrefois. L'ambiance dégagée par les couleurs en est une qu'on pourrait retrouver dans bien des villes du monde où le temps importe peu. Dans une composition dont l'élément principal part du premier plan, les personnages deviennent des témoins plutôt que des acteurs. Par son élan architectural, le clocher souligne le caractère serein de la scène.

Québec, patrimoine mondial rappelle le titre que l'Unesco a donné à la capitale de la Nouvelle-France, berceau de la culture francophone en Amérique du Nord. Cette vue du Château-Frontenac, la nuit, diffère par la neige dominante et le rideau d'arbres qui cache les toits du Vieux-Québec. La lumière sur la neige reflète la percée de soleil dans le ciel.

The winter season fascinates Littorio Del Signore because at this time of year he can play with chromatic effects on the snow and in the sky to support his composition. Buildings are only a pretext for reflecting the ambient light of his scene. He illustrates this characteristic atmosphere by bathing his scene in a mysterious, almost magical light. Each landscape, whether rural or urban, offers a reality that is shaped by the secret of his vision. His range of colours turns on pink which reinforces the neutral tones and creates a lively contrast between the areas of shadow and light. Perspective is more a question of balance than of visual depth.

Québec au crépuscule offers an idyllic vision of a neighborhood at dusk, almost in the style of a by-gone era. The ambiance here, evoked by the colours, is one that can be found in many cities of the world where time matters little. In this composition the principal element is in the foreground and the figures are simply there as observers rather than participants in the scene. The soaring steeple emphasizes the serenity of the scene.

Québec, patrimoine mondial recalls the title that Unesco gave to the capital of New France, cradle of francophone culture in North America. This view of Château Frontenac at night differs from others in the snow that dominates the scene and the trees that conceal the roofs of Old Quebec. The light on the snow reflects the ray of sunlight beaming through the clouds.

Québec, patrimoine mondial (1988)
Huile sur toile - Oil on canvas
20″ x 30″ - 51 x 76 cm

Québec au crépuscule (1988)
Huile sur toile - Oil on canvas
20" x 24" - 51 x 61 cm
Collection: Denise Lempert

JEAN-GUY DESROSIERS

Né en 1934 à Saint-Aimé, comté de Richelieu, il passera son enfance à Sorel où il commencera à dessiner par et pour lui-même. Il fera mille et un métiers avant de devenir photographe pour l'Aviation canadienne. C'est ainsi qu'à 21 ans, lors d'un stage à Ottawa, il s'inscrira aux cours de dessin et de peinture de l'École technique de cette ville puis suivra les cours du soir de l'École des Beaux-Arts de Québec. Par la suite, il travaillera comme illustrateur scientifique pour le gouvernement fédéral tout en continuant de peindre surtout à l'aquarelle. Il sera également professeur de dessin et d'aquarelle au Moulin des Arts de Saint-Étienne, au Patro Roc-Amadour de Québec et à Charlesbourg en 1979-1980. Depuis 1982, il se consacre surtout à l'huile et à l'acrylique pour peindre gens, paysages, animaux, fleurs, sites marins. Il s'intéresse aussi bien au Vieux-Québec et à l'île d'Orléans qu'à la Gaspésie. Il expose principalement à Québec en solo comme en groupe.

Born in 1934 in Saint-Aimé, in Richelieu county, he spent his childhood in Sorel where he began drawing for himself. He worked at many trades before becoming a photographer for the Canadian Air Force. Then, at 21, while taking a training course in Ottawa, he enrolled in drawing and painting classes at the Technical School there, followed by evening courses at the École des Beaux-Arts in Quebec City. He next worked as a scientific illustrator for the federal government while continuing to paint primarily in water colour. He also taught drawing and water colour at the Moulin des Arts in Saint-Etienne, at the Patro Roc-Amadour in Quebec City and in Charlesbourg in 1979-80. Since 1982 he has worked principally in oil and acrylic, painting people, landscapes, animals, flowers and water scenes. He also enjoys painting the old section of Quebec City, the Ile d'Orléans and the Gaspé region. He exhibits his work mainly in Quebec City in one-man shows or as a participant in group exhibitions.

Le dessin est l'élément primordial dans tout tableau de Jean-Guy Desrosiers. Québec se prête à merveille à ce genre d'interprétation pour ses rues et ses quartiers. Observateur attentif de l'architecture composite de la Vieille-Capitale, cet artiste attache beaucoup d'importance à l'exactitude graphique de la scène qu'il transmet sur sa toile. D'une manière générale, les couleurs sont plus harmonieuses que contrastantes. L'atmosphère qui s'en dégage respire le calme et la paix dans une vision intime et sans excès. Tout est pondéré chez Desrosiers qui aime, cependant, s'attarder sur un détail.

Porte Saint-Louis offre une vision en plongée de cette pièce d'architecture historique. Mais, ici, la solitude semble prendre le pas sur le brouhaha de la Basse-Ville. Solitaire, la calèche avance lentement comme pour permettre au regard de s'arrêter un instant sur le plan moyen avant d'entrer plus profondément dans le tableau. Les tons presque neutres de la palette dégagent une vision dont le caractère bonhomme surprend quelque peu.

Le Musée de cire, en bordure de la place d'Armes, présente dans cette maison l'épopée de l'histoire de Québec. Dans son architecture du Régime français, cet immeuble est le centre de cette composition dont le voisinage est plus suggéré que décrit en son entier. Seule compte l'intention de l'artiste qui, par le jeu de la perspective au premier plan, insiste sur l'importance graphique de la scène. Là aussi, la palette est assourdie comme si le temps s'estompait pour laisser la place à une impression, pas une réalité. On ne se croirait vraiment pas au coeur touristique de la Vieille-Capitale. L'atmosphère de la scène est à mi-chemin entre le passé et le présent.

The essential element in all of Jean-Guy Desrosiers' paintings is the drawing. Quebec City, with its particular streets and districts, lends itself beautifully to this type of interpretation. An attentive observer of the composite architecture of the city, this artist attaches great importance to the graphic precision of his scene. Generally speaking, he harmonizes his colours instead of opposing them. The atmosphere breathes peace and tranquility, while the vision is intimate without being excessively so. With Desrosiers, all the components are finely balanced despite his fondness for lingering over a single detail.

Porte Saint-Louis offers a high-angle view of this historic piece of architecture. Here tranquility reigns instead of the usual hubbub of Lower Town. A lonely calèche makes slow progress, allowing the eye to focus for a moment in the middle ground before going deeper into the painting. The mostly neutral tones of the palette create a scene in which the old man takes us a little by surprise.

Le Musée de cire, bordering Place d'Armes, is the subject in this painting of one of Quebec City's historical homes. With its French regime architecture, this building is the centre of the composition in which neighboring elements are suggested more than described. The play of perspective in the foreground emphasizes the graphic importance of the scene. The palette is muted in such a way that time seems blurred, creating an impression rather than a sense of reality. We do not really feel as though we were in the heart of Quebec City's tourist district. The atmosphere of the scene suggests that we are halfway between the past and present.

Le Musée de cire (1988)
Huile sur toile - Oil on canvas
20″ x 24″ - 51 x 61 cm
Collection: Carolle & Gil Kemeid

Porte Saint-Louis (1988)
Huile sur toile - Oil on canvas
24″ x 20″ - 61 x 51 cm
Collection: Johanne Marcotte

MAURICE DOMINGUE

Né en 1918 à Montréal, il suivra pendant deux ans l'enseignement de l'École des Beaux-Arts puis, pendant une dizaine d'années, les cours du soir du musée des Beaux-Arts de Montréal. Là, il apprendra d'abord l'huile mais surtout l'aquarelle avec des maîtres comme Goodridge Roberts, Arthur Lismer et aussi Jacques de Tonnancour. À 26 ans, il entreprend de faire carrière dans l'imprimerie, métier qu'il exercera jusqu'en 1959 quand il tombe victime de la poliomyélite. Immobilisé dans son fauteuil roulant, il reprendra alors son pinceau dans son atelier de Pointe-aux-Trembles. En 1979, il abandonne définitivement son imprimerie pour se consacrer à son art. Paysagiste dans l'âme, il préfère les petits coins perdus qu'il transmet sur le papier d'un pinceau hardi. Il est membre de la Société Canadienne des Aquarellistes et de l'Institut des Arts Figuratifs.

Born in 1918 in Montreal, he attended the École des Beaux-Arts for two years, then took night courses at the Montreal Museum of Fine Arts for approximately 10 years. There he learned oil and especially water colours with masters like Goodridge Roberts, Arthur Lismer and Jacques de Tonnancour. At the age of 26, he entered the printing trade which he practiced until 1959 when he contracted poliomyelitis. Confined to a wheel chair, he took up his paint brush once again in his studio in Pointe-aux-Trembles. In 1979, he left the printing trade for good and devoted himself full-time to painting. A landscape artist at heart, he loves out of the way places which he renders with a bold brush. He is a member of the Canadian Association of Water Colourists and the Institute of Figurative Arts.

Conteur dans l'âme, Maurice Domingue sait en quelques coups de pinceau situer exactement la scène dans son contexte et dégager les grandes lignes de sa composition. Ensuite, il ne cherche pas à la fouiller en y insérant des détails mais à la complèter avec des accessoires chromatiques qui prendront une valeur plus suggestive que graphique. Il sait comment inviter le spectateur à le suivre dans le coin de rue ou de pays qui l'inspire. La grande ville, en tant que telle, ne semble pas l'intéresser mais plutôt le pittoresque d'un quartier ou d'un groupe de maisons. L'aquarelle lui permet de nous livrer un instant fugitif plus qu'un manifeste pictural qui, lui, est l'ensemble de son oeuvre.

Sainte-Anne-de-Beaupré existait déjà au milieu du XVIIème siècle comme village de pêcheurs et comme pélerinage pour les "miraculés" des naufrages sur le Saint-Laurent. Ici, l'artiste nous dépeint quelques maisons, oubliées en bordure du fleuve, et se laisse aller à une rêverie éveillée que l'emploi de couleurs pastel, rehaussées de tons plus foncés, renforce dans la luminosité de cette belle journée. Une vision qui apaise l'esprit.

Ruelle, Bas-Québec dépeint l'une des rues tortueuses de la Basse-Ville, dans un climat empreint de solitude comme si, l'espace d'un instant, l'être humain en avait disparu pour la laisser se reposer. Cette atmosphère qu'on retrouve souvent chez Domingue est tempérée par les tons roses et verts qui viennent éclairer l'austérité de la scène. À noter le traitement libre des maisons dans le plan moyen.

A born story teller, Maurice Domingue knows how to situate a scene in its context in just a few brush strokes and how to single out the important lines in his composition. He does not fill the scene with details but rather completes it with chromatic accessories which possess more of a suggestive than graphic value. He knows how to invite the viewer to follow him to a street corner or into a countryside setting that inspires him. A big city as such does not seem to interest him; he prefers the picturesque character of a neighborhood or group of houses. Water colours allow him to give us a fleeting moment rather than a pictorial statement which, in any case, can be found in the ensemble of his work.

Sainte-Anne-de-Beaupré already existed in the XVIIth century as a fishing village and place of pilgrimage for the "miracle" survivors of the shipwrecks on the Saint Lawrence. Here, the artist depicts a few houses forgotten along the banks of the river and, with the evocative quality of a dream, uses pastel colours heightened by darker tones to reinforce the luminosity of this beautiful day. It is a very soothing image.

Ruelle, Bas-Québec depicts a winding street in Lower Town, looking strangely deserted as if everybody had suddenly just disappeared from the scene. This kind of atmosphere is common in a Domingue painting and is tempered here by pink and green tones to brighten the austerity of the scene. Note the informal treatment of the houses in the middle ground.

Sainte-Anne-de-Beaupré (1989)
Aquarelle sur papier - Watercolor on paper
12″ x 16″ - 30,5 x 41 cm

Ruelle, Bas-Québec (1989)
Aquarelle sur papier - Watercolor on paper
12″ x 16″ - 30,5 x 41 cm

PAUL-HENRI DUBERGER

Né en 1939 à Matane, il étudiera la pédagogie et la psychologie à l'université Laval de Québec et servira ensuite pendant 25 ans dans l'Armée canadienne où il atteindra le grade de lieutenant-colonel. Actuellement, il enseigne la psychologie au Collège de Sainte-Foy tout en suivant des études personnelles en psychologie de l'art, de l'esthétique et de la couleur. À la suite d'une rencontre à Québec avec le peintre Maurice LeBon et sous l'influence de Francesco Iacurto et de Bruno Côté, il va entreprendre une carrière de peintre qu'il poursuit déjà depuis un certain nombre d'années. Amateur de plein air, il n'aime rien mieux que d'amener son chevalet là où son inspiration l'attire et peindre le Vieux-Québec. Il aura sa première exposition solo en 1979 et, l'année suivante, se méritera un premier prix à la Farandole de Sillery. Membre de l'Institut des Arts Figuratifs.

Born in 1939 in Matane, he studied education and psychology at Université Laval in Quebec City. He served in the Canadian Forces for 25 years, attaining the rank of lieutenant colonel. Presently, he teaches psychology at Collège Sainte-Foy while pursuing on his own studies in the psychology of art, esthetics and colour. Following a meeting in Quebec City with painter Maurice LeBon and under the direction of Francesco Iacurto and Bruno Côté, he began in earnest the painting career which he had already been engaged in for a number of years. An avid outdoorsman, he enjoyed nothing more than to set up his easel outside and paint the old neighbourhoods of Quebec City. He held his first solo exhibition in 1979 and the following year won first prize in the Farandole de Sillery. He is a member of the Institute of Figurative Arts.

Le regard de Paul-Henri DuBerger aime s'attarder sur un élément qui donne à la scène toute son ambiance. Pas de vue d'ensemble, à vrai dire, mais une analyse profonde de sa vision. Même restreinte dans son développement scénique, cette vision est toute en nuances, en suggestions plus qu'en impressions. C'est une forme d'expressionnisme qu'il propose en même temps qu'une étude de caractère dans sa quotidienneté et son historicité. L'artiste tient à faire ressortir la substance plus que la forme, sans négliger pour autant un certain géométrisme. D'un coup de pinceau hardi, il impose sa volonté d'amalgamer les différents éléments de la scène.

Rue Couillard, Québec illustre bien cette démarche expressionniste. Baptisée en l'honneur d'un colon français qui s'est installé en 1627 aux abords de la rivière Saint-Charles, cette rue offre au regard les ravages du temps. La géométrie des lucarnes sur le toit de la maison d'angle apporte à la scène une vision en retrait, confirmée par la rue s'enfonçant dans le dédale du quartier. Cette scène est un document en même temps qu'un tableau.

Vers Notre-Dame-des-Victoires raconte un long cheminement historique avec ses pare-feu à la française. Même en hiver, cette rue qui mène à la place Royale où est située l'église Notre-Dame-des-Victoires, semble vivre l'atmosphère d'autrefois sans s'encombrer du modernisme extérieur. La dualité entre le côté soleil et le côté ombre de la rue invite le spectateur à entrer dans le tableau pour partager un moment la paix de ce quartier. À noter que la présence humaine reste accessoire.

Paul-Henri DuBerger enjoys lingering over the element that gives a painting its ambiance. The result is less a view of the whole than an in-depth analysis of a scene. By maintaining a certain restraint as he develops the scene, his vision becomes one of nuances and suggestion rather than impressions. He proposes a form of expressionism as well as a study of the quotidian and the historical. The artist tries to evoke substance more than form, without neglecting certain geometric qualities. Applying a bold brush stroke, he is able to amalgamate the different elements in the scene.

Rue Couillard, Québec illustrates this expressionist approach. Named in honour of a French colonist who settled in 1627 on the shore of the Saint-Charles River, this street reflects the ravages of time. The geometry of the dormer windows in the roof of the corner house gives the scene a feeling of seclusion, reinforced by the street disappearing into the labyrinth of the district. This scene is a document as well as a painting.

Vers Notre-Dame-des-Victoires reflects a long history with its French fire shields adorning the roofs. This street, which leads to the Place Royale and Notre-Dame-des-Victoires church, seems to live in another age without the cares of modern life. The duality created between the sunny and shady sides of the street invites the viewer to participate in the painting and share a moment of peace. The figures merely serve as accessories.

Vers Notre-Dame-des-Victoires (1988)
Huile sur masonite - Oil on masonite
20'' x 16'' - 51 x 40,5 cm

Rue Couillard, Québec (1988)
Huile sur masonite - Oil on masonite
20'' x 16'' - 51 x 40,5 cm

LISE FORTIN

Née en 1954 au Lac-Saint-Jean, elle suivra d'abord une formation musicale avant de s'intéresser à d'autres disciplines artistiques. Elle étudiera la peinture à Dolbeau puis suivra des cours de céramique à l'Atelier Julien de Québec. Détentrice d'un certificat en art de l'université du Québec à Chicoutimi, elle s'est installée à Laval et poursuit ses études en art à l'université du Québec à Montréal. Tout en continuant d'apprendre la peinture, le dessin et le pastel, elle sera dessinatrice à Dolbeau, professeur d'arts plastiques en Abitibi, céramiste-potière au Saguenay-Lac-Saint-Jean. Cependant, depuis 1985, elle se consacre entièrement à la peinture et vient régulièrement à Québec pour y peindre sur le motif. Elle a présenté des expositions aussi bien comme céramiste que comme peintre dans sa région natale ainsi qu'à Montréal et à Laval.

Born in 1954 in Lac-Saint-Jean, she studied music before pursuing her interest in other artistic disciplines. She first studied painting in Dolbeau, then ceramics at l'Atelier Julien in Quebec City. She holds a certificate in art from l'Université du Québec in Chicoutimi; she currently lives in Laval and continues to study art at l'Université du Québec in Montreal. While learning painting, drawing and pastels, she did drafting in Dolbeau, taught plastic arts in Abitibi and made ceramics and pottery in Saguenay-Lac-Saint-Jean. However, since 1985, she has devoted herself full-time to painting and comes regularly to Quebec City where she paints outdoors. She has given exhibitions as a ceramist as well as a painter in Lac-Saint-Jean, Montreal and Laval.

La vision de Lise Fortin est dualiste et paradoxale: d'un côté, elle aime les scènes intimistes où elle s'incarne dans la vie et, de l'autre côté, elle n'hésite pas à traiter des scènes où la volonté d'évasion est dominante. En même temps, une soif d'un décor personnel et de grands espaces au loin. Dichotomie qui, pour autant, n'autorise pas l'artiste à confondre l'une et l'autre vision. En outre, comme la palette ne diffère pas beaucoup dans leur traitement réciproque, on ressent une forte impression d'unité malgré la différence dans l'inspiration. Chaque fois, l'artiste cherche à exprimer un climat intérieur qu'elle concrétise, selon le moment, par une vision rapprochée ou lointaine. Le rêve y côtoie constamment la réalité.

Vue sur la ruelle est une scène intimiste que connaissent bien tous ceux qui habitent le Vieux-Québec. Ici, la fenêtre est ouverte pour inviter au rêve dans un décor réaliste. Les jeux de l'ombre et du soleil donnent un effet scénique dans un climat apaisant. La subtilité des bleus et des roses permet une perspective qui souligne à peine les différents plans. Le regard est certes attiré mais l'arrière-plan invite, dans sa luminosité, l'esprit à vagabonder plus loin que le mur de fond.

Cargo sur le fleuve est un peu comme l'antithèse du tableau précédent avec son espace ouvert, sa ligne de fuite, l'île d'Orléans au loin, les maisons bordant le "chemin qui marche". Véritable invitation au voyage, à l'évasion, au rêve. Les bleus qui dominent dans cette scène, donnent une solution de continuité, de "complicité" entre les différents plans et éléments qui s'imbriquent ainsi plus facilement dans la composition.

Lise Fortin's vision is dualistic and paradoxical: on the one hand, she loves intimist scenes and, on the other, she creates scenes where an impression of freedom is dominant. Thus, she craves for wide open spaces as well as the highly personal in her painting. Despite the dichotomy, the artist does not confuse the two visions. Furthermore, because the palette does not differ much in its treatment, we perceive a strong impression of unity regardless of the inspiration. With each painting, the artist searches for a way to express an inner feeling which she concretizes, according to the moment, in a vision that is close up or off in the distance. The dream constantly coexists along side reality.

Vue sur la ruelle is an intimist scene familiar to everyone who lives in Old Quebec. The window is open inviting one to day dream within this realist decor. The play of shadows and light provides a scenic effect in a soothing ambiance. The subtle blues and pinks allow a perspective that barely suggests the different planes. The eye is pulled inward but the background invites, through its luminosity, a desire to wander beyond the wall.

Cargo sur le fleuve is almost the antithesis of the preceding painting with its wide open space, its vanishing point, the island of Orleans in the distance and the houses along the river banks. This is an invitation to travel, to escape, into a dream. The blues dominating this scene offer a solution of continuity, of "complicity", between the different planes and elements which are thus interwoven more easily into the composition.

Cargo sur le fleuve (1988)
Huile sur toile - Oil on canvas
20″ x 24″ - 51 x 61 cm
Collection: Serge Fortin

Vue sur la ruelle (1988)
Huile sur toile - Oil on canvas
16″ x 20″ - 41 x 51 cm
Collection: Louise France Gauthier

GAÉTAN GRONDIN

Né en 1925 à Pierreville, comté de Yamaska, il obtiendra d'abord un diplôme supérieur des Beaux-Arts à Tournai, en Belgique, puis un baccalauréat en pédagogie à l'université Laval et enfin un diplôme d'études françaises à Paris. Il suivra plusieurs stages en peinture aux États-Unis (1959, 1960, 1964, 1965) ainsi qu'en gravure en Suisse (1976) et en France (1981) et en aquarelle au Moulin des Arts de Saint-Etienne, Qué., (1983, 1984, 1985). Il fera également des stages en tapisserie au Québec, en Suisse et en Espagne ainsi qu'en céramique à North Hatley, Qué. Après avoir enseigné aux niveaux primaire et secondaire à partir de 1948, il va poursuivre sa carrière dans l'enseignement des arts et plus particulièrement à l'université du Québec à Trois-Rivières à partir de 1970. Il en sera le directeur du Module des arts de 1983 à 1987. Il est représenté en permanence dans plusieurs galeries du Québec où il expose régulièrement. Membre de l'Institut des Arts Figuratifs.

Born in 1925 in Pierreville, Yamaska county, he received a degree from the Beaux-Arts in Tournai, Belgium, his Bachelor in Education from Université Laval and finally a diploma in French studies in Paris. He did several workshops in painting in the United States (1959, 1960, 1964, 1965), in engraving in Switzerland (1976) and France (1981) and in water colour at the Moulin des Arts in Saint-Etienne, Quebec (1983, 1984, 1985). He also did workshops in tapestry in Quebec, Switzerland and Spain as well as ceramics in North Hatley, Quebec. He taught primary and secondary school from 1948, then began his teaching career in the arts at the Université du Québec in Trois-Rivières from 1970. He was director of the Module des arts from 1983 to 1987. He is permanently represented in several Quebec City galleries where he holds exhibitions on a regular basis. He is a member of the Institute of Figurative Arts.

Âme romantique s'il en est, Gaétan Grondin vit un merveilleux rêve éveillé quand il flâne dans les rues et paysages de Québec. Pour lui, la réalité est à la base de la fiction et toujours transcendante. C'est la recherche du couple qui est à la base de son propos. Évidemment, la scène reste toujours figurative mais, en un sens, c'est la subjectivité qui l'emporte par la simple présence d'amoureux. Attachant beaucoup d'importance à la couleur pour exprimer ce qu'il ressent, l'artiste propose toujours un décor dont les coloris même contrastants se fondent les uns dans les autres. La fête au coeur, Grondin passe d'une vision à l'autre dans un même élan.

Québec en fête, place Royale évoque, pendant la Saint-Jean-Baptiste, une explosion d'énergie, de cette même énergie qui a permis à cet endroit de devenir, dès le début du XVIIème siècle, le coeur de la Nouvelle-France. Récemment restaurée, cette place est redevenue un centre de l'activité humaine. On y a recréé la joie et la fierté d'être québécois. L'artiste en profite pour offrir une "chaleur humaine" qui contraste avec un ciel bleu foncé d'inspiration romantique. Au premier plan, le couple qui danse symbolise à lui seul toute la vitalité d'une tradition.

La tour Martello, plaines d'Abraham propose, dans l'intimité de ce paysage fluvial et historique, un monde secret où l'agitation urbaine n'existe déjà plus. Les contrastes offerts par les verts et les rouges ne provoquent aucune tension malgré leur dynamisme. Construite par les Anglais entre 1808 et 1811, cette tour faisait partie d'un ensemble défensif qui en comprenait quatre. Sa présence, reflet d'un passé militaire périmé, n'empêche pas les amoureux de vivre leur rêve dans le présent.

A romantic, Gaetan Grondin loves to idle away the hours in the streets of Quebec City and the surrounding countryside as though he lived in a waking dream. For him, reality is at the base of fiction and always transcendant. He has an abiding interest in the couple. Although the scene is always figurative, it is his own subjectivity that provides the momentum when he is in the presence of lovers. Because colour is very important to express what he feels, the artist always proposes scenery in which even the contrasting colours blend together. As a man who loves a celebration, Grondin does many of his paintings in the same spirit.

Québec en fête, Place Royale evokes an explosion of energy on Saint-Jean Baptiste day -- the same kind of energy that caused this square to become the heart of New France at the beginning of the XVIIth century. Recently restored, Place Royale has once again become a centre of activity. In this scene, the artist has recreated the joy and pride of being a Quebecer. Here a "human warmth" contrasts with a romantic dark blue sky. In the foreground, the dancing couple symbolizes for him all the vitality of a tradition.

La tour Martello, plaines d'Abraham proposes in the intimacy of this historic, river landscape a secret world where the hustle and bustle of the city no longer exists. The contrasting greens and reds provoke no tension despite their energy. Built by the English in 1808 and 1811, this tower is one of four that makes up a defensive installation. Reflection of an outdated military past, the tower does not intrude, however, upon the lovers' present reveries.

**La tour Martello,
plaines d'Abraham** (1988)
Acrylique sur toile - Acrylic on canvas
27,6'' x 33,8'' - 70 x 86 cm

Québec en fête, place Royale (1988)
Acrylique sur toile - Acrylic on canvas
33,8'' x 27,6'' - 86 x 70 cm

JAMES HALPIN

Né en 1923 à Québec, il a d'abord fait ses études secondaires au St. Patrick's High School puis à l'université Laval dont il sortira diplômé en pharmacie. Pendant 17 ans, il travaillera à son compte pour pouvoir élever ses enfants. En 1960, il commence à s'intéresser à la peinture et, grâce à Francesco Iacurto qui lui donne des cours pendant huit ans, il obtient un certain succès dès 1963. Il décide de vendre sa pharmacie et, tout en continuant de travailler à temps partiel pour un de ses confrères, peut se livrer à sa passion. En 1970, il s'aventure dans l'aquarelle pour interpréter aussi bien le panorama urbain de sa ville natale que les paysages du Bas-Saint-Laurent, de Charlevoix et de la Nouvelle-Angleterre. C'est alors qu'il suivra des cours d'été avec John Pike à Woodstock, N.Y., et avec Edgar Whitney à Kennebunk, Maine. Aujourd'hui, il anime des ateliers sur l'aquarelle et l'huile au Campus St. Lawrence du Collège Champlain à Sainte-Foy. Membre de la Société Canadienne des Aquarellistes et de l'Institut des Arts Figuratifs.

Born in 1923 in Quebec City, he went to Saint Patrick's High School then attended Université Laval where he obtained a degree in pharmacy. For 17 years, he worked in his own business and raised his family. In 1960 he developed an interest in painting and, with the help of Francesco Iacurto who gave him courses throughout the next eight years, he began to enjoy a certain success after 1963. He decided to sell his pharmacy and while continuing to work part-time for a colleague he devoted himself to his passion. In 1970 he took up water colours, painting the urban panorama of his native city as well as the landscapes of the Lower Saint Lawrence, Charlevoix and New England. He took summer courses with John Pike in Woodstock, New York and with Edgar Whitney in Kennebunk, Maine. Today, he runs water colour and oil workshops at Saint Lawrence Campus of Collège Champlain in Sainte-Foy. He is a member of the Canadian Society of Water Colourists and the Institute of Figurative Arts.

Amoureux de sa ville, James Halpin ne cesse de la parcourir pour en découvrir les charmes secrets et les points d'intérêt qu'il transpose sur le papier. En effet, aquarelliste accompli, il cherche à recréer un climat urbain sans pour autant que les gens en fassent automatiquement partie. La spontanéité de l'aquarelle lui permet de synthétiser les volumes mais pas de les rendre abstraits. Loin de là. Dans une géométrie bien structurée, il pose avec élégance ses éléments architecturaux qu'il complète avec des accessoires comme arbres, murets, grilles, afin d'en souligner le caractère graphique. Et toujours, les couleurs prennent valeur de symbole pour éclairer d'une lumière spéciale la scène qu'il reproduit.

Vue du Chateau-Frontenac, ici légèrement en contre-plongée, offre une image discrète de cet hôtel construit en 1893 et qui sert de point de repère à des dizaines de km aux alentours. L'architecture massive en est estompée par un rideau d'arbres qui adoucit la sévérité de la scène. La rue qui tourne en longeant un mur rigide dans son graphisme, forme un contrepoint avec le plan moyen qui barre l'horizon. La palette dégage une certaine tristesse renforcée par un ciel aux nuages presque noirs.

La cathédrale anglicane, Québec est à un jet de pierre du Château-Frontenac et baigne dans l'ombre de la rue des Jardins. Celle-ci remonte au XVIIème siècle et offre au promeneur un héritage historique remarquable. L'artiste a voulu saisir cette vision d'un Québec d'autrefois à l'architecture encore à l'échelle humaine. Le mur latéral de la Holy Trinity Church forme une masse ombrée qui donne de la perspective à la vision fermée de cette scène.

James Halpin never stops roaming his beloved city in search of its hidden charms and intriguing facets. An accomplished water colourist, he tries to recreate an urban climate in which people are not necessarily present. The spontaneity of water colours allows him to synthesize volumes but not render them abstract. On the contrary, within a well defined geometry, he elegantly places his architectural elements, complementing them with accessories such as trees, walls, metal gates and railings, to emphasize the graphic character of the scene. The colours always assume a symbolic value, illuminating the scene with a special luminosity.

Vue du Château-Frontenac, from a low-angle perspective, offers an unobtrusive view of this hotel built in 1893 and serving as a landmark for at least 10 kilometres around. The massive architecture is subdued by a curtain of trees, softening the severity of the scene. The street winds around the austere graphics of the wall, creating a counterpoint with the middle ground which blocks the horizon. The palette is almost melancholy and is reinforced by the dark colours of the clouds.

La cathédrale anglicane, Québec is just a stone's throw from Château Frontenac and bathes in the shadow of the rue des Jardins. This XVIIth church offers the passer-by an important historical heritage. The artist wished to capture this image of Quebec City architecture when it was still on a human scale. The wall bordering the Holy Trinity Church creates a shadowed mass, providing perspective to the closed vision of the scene.

Vue du Château-Frontenac (1988)
Aquarelle sur papier - Watercolor on paper
15'' x 21'' - 38 x 53,5 cm
Collection: Elisabeth & Claude Dubé

La cathédrale anglicane, Québec (1988)
Aquarelle sur papier - Watercolor on paper
21'' x 15'' - 53,5 x 38 cm
Collection: Camille & Emmanuel Bélanger

JACQUES HÉBERT

Né en 1937 au Lac-Saint-Jean, il commencera à s'intéresser sérieusement à l'aquarelle en 1967 au point d'en faire une carrière. Il s'inspirera surtout de maîtres américains du genre comme Frank Webb et George Carpenter. Très vite, il sera passionné par les choses de la mer ainsi que par les scènes rurales et urbaines pour devenir un paysagiste réputé. Par la suite, il enseignera à son tour l'aquarelle aussi bien au Maine et au Vermont qu'au Centre culturel de Verdun et ailleurs. Chaque année, il donne une quinzaine de conférences démonstrations sur son art au Québec et en Nouvelle-Angleterre. Avec les années, il s'est acquis une réputation qui a attiré à lui un bon nombre de collections corporatives. Il vit à Québec depuis 1970. Membre associé de l'American Watercolor Society, membre fondateur de la Société Canadienne des Aquarellistes, membre de l'Institut des Arts Figuratifs.

Born in 1937 in Lac-Saint-Jean, he became seriously interested in water colour in 1967 and decided at this time to make a career in art. He was particularly inspired by the American master water colourists Frank Webb and George Carpenter. With his love for the sea as well as an interest in country and city scenes, he soon became a recognized landscape artist. He taught water colour in Maine, Vermont, at the Verdun Cultural Centre and elsewhere. Each year, he gives around 15 lectures in Quebec and New England in which he demonstrates his art. With time he has acquired a reputation and his works belong to a number of corporate collections. He has lived in Quebec City since 1970. He is an associate member of the Canadian Association of Water Colourists and a member of the Institute of Figurative Arts.

Ce que cherche Jacques Hébert, c'est la vision soudaine d'une scène inattendue, au détour d'une rue ou entre deux maisons. Le tumulte de la ville ne l'intéresse pas. Avec lui, le paysage reste humaniste parce qu'il n'est pas encombré d'une présence humaine trop lourde. Bien sûr, l'habitat manifeste en soi le quotidien de l'homme. Cependant, dans ces scènes au charme parfois un peu désuet, l'artiste nous emmène hors des sentiers battus. Le traitement à l'aquarelle est là pour offrir une atmosphère poétisante et sans surcharge d'accessoires. La vérité prend parfois avec Hébert valeur de rêve.

Vers la Basse-Ville est un étonnant paysage presque rural avec la présence d'arbres et d'herbes folles qui masquent l'asphalte et le ciment. Un décor bucolique en pleine ville! De quoi rassurer les amoureux du calme... La rue en pente descend vers la Basse-Ville avec un fond de montagnes à l'arrière-plan. Les maisons, différenciées par la couleur des toits, déploient une composition très équilibrée et allégée encore par la présence de végétation qui casse la rigidité de leurs formes. Les couleurs gaies mais tempérées donnent envie au promeneur de s'attarder dans ce havre de paix inattendu.

La traverse de Lévis qui attire tous les paysagistes québécois dignes de ce nom, est vue ici en plongée à partir du funiculaire. Impressionnante perspective qui, par son raccourci, donne vraiment l'impression d'une descente plutôt raide, ce qu'elle est d'ailleurs. Le ruban du fleuve permet de joindre visuellement Québec et Lévis dans un même plan comme s'il s'agissait d'une composition en aplat. Le traitement des bleus donne à la scène un pouvoir presque hypnotique.

Jacques Hébert watches for the sudden appearance of the fortuitous, at the bend of a street or between two houses. He is not drawn to the clamour of city life. For him, the landscape stays humanist because it is not overburdened with the weight of humanity. The houses alone are manifestations enough of man's daily existence. In these charming, sometimes outmoded scenes the artist leads us off the beaten track. His water colours offer a poetic atmosphere without an excess of accessories. Truth frequently takes on the value of a dream in a painting by Hébert.

Vers la Basse-Ville surprises with its country-like landscape of trees and greenery that hide the asphalt and cement. A bucolic scene smack-dab in the middle of the city! A haven for those who want peace... The street descends toward Lower Town with the mountains forming the background of the painting. The houses, differentiated by the colour of their roofs, display a highly balanced composition mitigated only by the greenery that interrupts the rigidity of their forms. The gay but tempered colours invite the viewer to linger in this unexpected haven.

La traverse de Lévis, which attracts all Quebec landscape artists worthy of the name, is depicted here at a high angle seen from the funicular. This foreshortened and impressive perspective gives the impression of a steep descent, which it is, in fact. The ribbon of river visually joins Quebec City and Lévis within the same plane as in a composition without relief. The blues give the scene an almost hypnotic power.

Vers la Basse-Ville (1989)
Aquarelle sur papier - Watercolor on paper
14,5″ x 21,75″ - 37 x 55 cm
Collection: Lauréanne Mercier

La traverse de Lévis (1989)
Aquarelle sur papier
Watercolor on paper
23″ x 17,75″ - 58,5 x 45 cm
Collection: Galerie Symbole Art

NORMAND HUDON

Né en 1929 à Montréal, il vendra ses premiers dessins au quotidien **La Presse**, à l'âge de 16 ans. Après avoir étudié le dessin, la décoration et la publicité à l'École des Beaux-Arts de Montréal, il entreprend à partir de 1948 une double carrière comme artiste de variétés et artiste peintre. Caricaturiste renommé, il travaillera pour divers journaux montréalais tout en exposant régulièrement à Montréal. En 1967, il exécutera un grand plafond pyramidal pour le pavillon du Canada à l'Expo 67. Artiste bien connu pour sa vision humoristique des gens et des choses, il abandonnera peu à peu la scène pour se consacrer entièrement à la peinture. Doué d'une impressionnante mémoire photographique, il aime flâner et il est un connaisseur en matière d'architecture traditionnelle. C'est pourquoi il adore se promener dans la Vieille-Capitale pour en rapporter des visions qu'il traduira sur la toile, en atelier. Amoureux de la nature, il vit depuis 1981 dans les Cantons de l'Est. Membre de l'Institut des Arts Figuratifs.

Born in Montreal in 1929, he sold his first drawings to the daily **La Presse** when he was 16 years old. After studying drawing, interior decoration and advertising at l'École des Beaux-Arts de Montréal, he began a double career as a variety show performer and painter. A renowned cartoonist, he worked for different Montreal newspapers while holding regular exhibitions. In 1967, he executed a large pyramidal ceiling for the Canadian pavillion at Expo 67. Well known for his humouristic vision of people and things, he gradually abandoned the stage to devote himself entirely to painting. He is gifted with an impressive photographic memory. A connoisseur of traditional architecture, he loves to walk in the Old Capital bringing back images to his studio to put on canvas. He is a nature lover who has made his home in the Eastern Townships since 1981. Member of the Institute of Figurative Arts.

L'imagination de Normand Hudon n'a pratiquement pas de limites à condition, évidemment, qu'elle repose sur une réalité à laquelle il ajoute sa pointe de fantaisie. Il sait comment saisir le détail qui donne son piquant à la scène en faisant ressortir les éléments de base de la composition. Comme au théâtre, un fond de scène - un décor de maisons lorsqu'il s'agit d'un paysage urbain. Les rues en pente de Québec fascinent cet artiste capable de se livrer à un véritable saut périlleux de lignes et de formes, le tout éclairé par une palette dont les fondus et les contrastes donnent le ton à l'action. Amoureux de la Vieille-Capitale, Hudon ne se lasse jamais de la dépeindre.

Québec est une scène typique de Hudon avec ce croisement de rues dans la Basse-Ville, ces maisons aux fenêtres qui interrogent le passant, cette neige qui dégage les contrastes. Enfants et religieuses d'une autre époque, tout vêtus de noir, donnent à la composition cet humour qui dépasse le quotidien et devient universel. Les couleurs sombres, rehaussées par les coloris de la neige, indiquent que la nuit vient tout juste de tomber et qu'il est temps de rentrer chez soi, au bout de cette rue pittoresque et ancienne.

La fillette au cerceau, Québec, dans l'une de ces rues en pente qui relient la Basse et la Haute-Ville, dépeint une scène hors du temps sinon de l'espace: une fillette qui joue au cerceau. Les toits aux couleurs franches jettent un éclat chromatique qui s'ajoute à la luminosité naturelle de la journée ensoleillée. Soucieux du détail, Hudon a bien campé des accessoires graphiques qui complètent la vraisemblance architecturale.

There are few limits to Normand Hudon's imagination which though based on reality serves as a springboard for his flights of fantasy. He knows how to seize the right detail that gives spice to a scene by bringing out the basic elements of the composition -- much like the background scenery on a stage set. In this case, Hudon chooses a setting of houses for his urban landscape. The sloping streets of Quebec City fascinate this artist who performs perilous leaps of lines and forms and lights up the whole with a palette of blends and contrasts that gives an impression of action. Hudon is in love with the Old Capital and never tires of painting it.

Québec is a typical Hudon scene of the intersecting streets of Lower Town, the windows that interrogate the passers-by and contrasts evoked by the snow. Children and nuns from another era, all dressed in black, give a bite of humour to the composition which goes beyond the quotidian and becomes universal. The somber colours, heightened by the snow, indicate that night has fallen and it is time to return home, leaving behind this quaint old street.

La fillette au cerceau, Québec, on a sloping street that links Lower and Upper Towns, depicts a scene that seems eternal: a little girl playing with a hoop. The boldly coloured roofs display a chromatic brilliance, augmenting the natural light of a sunny day. Hudon has paid careful attention to detail. All the graphic accessories complete the architectural verisimilitude.

La fillette au cerceau, Québec (1988)
Techniques mixtes sur masonite
Mixed media on masonite
20″ x 16″ - 51 x 41 cm
Collection: Normand Moussette

Québec (1988)
Techniques mixtes sur masonite
Mixed media on masonite
24″ x 18″ - 61 x 46 cm
Collection: Johanne Marcotte

Québec

'88

normand hudon

LOUISE KIROUAC

Née en 1939 à Brownsburg, dans le comté d'Argenteuil, cette artiste vient d'une famille où l'amour de la peinture se transmet depuis trois générations à partir de la Bretagne du grand-père jusqu'au Québec de la petite-fille et de ses frères, Paul "Tex" Lecor et Jean-Claude Le Corre. Son père Henri-Paul, né en Bretagne et peintre de carrière, lui enseignera le dessin et la peinture sur le motif. À vrai dire, elle commencera par le portrait et la scène d'intérieur avant de s'attaquer, au début des années 1970, au paysage proprement dit, tant en ville qu'à la campagne, pour en faire ressortir toute la richesse des coloris. Depuis sa première exposition solo au Centre culturel de Lachute en 1975, Louise Kirouac n'a pas cessé de prêcher par ses tableaux une croisade pour la défense de l'environnement. Elle expose régulièrement un peu partout au Québec des oeuvres qui témoignent d'un profond attachement au patrimoine national. Membre de l'Institut des Arts Figuratifs.

Born in 1939 in Brownsburg, in Argenteuil county, the artist comes from a family of painters going back three generations, starting with her grandfather from Brittany and including herself and her brothers, Paul "Tex" Lecor and Jean-Claude Le Corre, all of Quebec. Her father, Henri-Paul, born in Brittany and an artist by profession, taught her drawing and painting outdoors. She began by painting portraits and interior scenes, then, in the early 1970s, applied her talent to city and country landscapes to bring out the fullness of colours. Since her first solo exhibition at the Centre culturel de Lachute in 1975, Louise Kirouac has never ceased crusading for the protection of the environment through her painting. She holds regular exhibitions throughout the province which reflect her deep attachment to her Quebec heritage. Member of the Institute of Figurative Arts.

Observatrice attentive, Louise Kirouac s'émerveille devant toutes les visions sans prétention qui s'offrent à elle. Toujours très ordonnée dans sa composition, elle joue avec les formes sans fausse note. Chaque scène est d'une grande simplicité tout en étant complète en soi. Kirouac est une vraie paysagiste qui sait trouver dans la ville les nids de verdure capables de vivifier le milieu urbain et lui donner cette douceur qui lui est si personnelle. Rien d'agressif dans les couleurs qui offrent néanmoins toute la gamme des contrastes habituels pour insister sur tel ou tel élément de la perspective. Elle attire le regard sur le passé de Québec tout en l'incarnant dans le présent.

Rue Sainte-Anne, Québec est une promenade qui aboutit à la terrasse Dufferin avec ses maisons à lucarnes, à lanternes et à pare-feu. L'artiste nous décrit l'endroit avec une exactitude presque topographique tout en laissant la place d'honneur à la poésie, grâce à son utilisation de tons pastels. Avec un équilibre parfait et un sens poussé de la perspective, Kirouac déploie sous nos yeux un paysage urbain bien connu des Québécois et des visiteurs. À l'arrière-plan, la tour du Château-Frontenac dresse sa masse derrière le rideau d'arbres de la place d'Armes, autrefois Grande-Place.

Côte-de-la-Montagne descend en pente raide pour aboutir hors les murs en longeant les remparts et les maisons perchées à mi-côte. Même si la vision du spectateur est restreinte dans cette scène, Kirouac réussit à donner une impression de profondeur avec le tournant de la côte et le bleu du fleuve au plan moyen. Le passé historique n'a pas non plus échappé à l'oeil de l'artiste.

A careful observer, Louise Kirouac is also completely unpretentious in her appreciation of all the images that surround her. Her compositions are always well organized and she plays with forms without a false note. Each scene is striking in its simplicity and complete in itself. Kirouac is a true landscape artist who knows how to spot a nest of greenery that will give life and gentleness to a harsh urban milieu. Her colours are non-aggressive but nonetheless offer a whole range of contrasts to emphasize this or that element of the perspective. She draws our attention to Quebec City's past while embodying it in the present.

Rue Sainte-Anne, Québec is an avenue of houses with dormers, pinnacles and fire shields adorning the roofs; it ends at Dufferin Terrace. The artist has depicted this street with almost topographical precision, at the same time endowing it with a poetic quality through the use of pastel tones. With perfect balance and an elaborate sense of perspective, Kirouac renders this scene that is so popular among Quebecers and visitors. In the background, the tower of Château Frontenac raises its mass behind a curtain of trees in Place d'Armes, formerly Grande-Place.

Côte-de-la-Montagne descends steeply and ends outside the walls bordered by the ramparts and houses half-way down. Even though our vision is limited in this scene, Kirouac has achieved an impression of depth by the bend in the street and the blue of the river in the middle ground. The artist is sensitive to the history in this scene.

Rue Sainte-Anne, Québec (1988)
Huile sur toile - Oil on canvas
20″ x 24″ - 51 x 61 cm
Collection: Rachel & Damien Morissette

Côte de la Montagne (1988)
Huile sur toile - Oil on canvas
24″ x 20″ - 61 x 51 cm
Collection: Clémence & Henri Gélinas

WALTER KLAPSCHINSKI

Né en 1938 à Brême, en Allemagne, ce peintre d'origine polonaise a étudié les beaux-arts à la Künst Akademie de Düsseldorf, en Westphalie. Après avoir beaucoup voyagé en Europe, il viendra s'installer à Québec en 1959 et, dès le moment de son arrivée, sera conquis par le paysage urbain de la Vieille-Capitale et des environs qu'il ne cessera plus de peindre. Il s'intéresse également aux scènes champêtres de la Beauce et de l'Estrie dont il apprécie beaucoup les coloris, sans oublier les fleurs qui sont pour lui comme une passion. Il a exécuté de nombreuses murales au Québec et même à Rastatt, dans le Bade-Würtemberg, au mess des officiers de l'Armée canadienne. Après avoir passé par des périodes naturaliste et réaliste, il peint aujourd'hui dans un style impressionniste qui lui offre plus de liberté dans l'interprétation. Il consacre tout son temps à son art et expose plus particulièrement à Ottawa et à Québec.

Born of Polish origin in 1938 in Brême, West Germany, this painter studied fine arts at the Kunst Akademie in Dusseldorf, Westphalia. After travelling extensively in Europe, he settled in Quebec City in 1959. From the moment of his arrival, he was enchanted by the urban landscape and surroundings which he continues to paint to this day. The rural scenery of Beauce and Eastern Townships and its infinite shades also captured his attention, particularly the flowers which were a kind of passion for him. He has made many murals in Quebec and even in Rastatt, in Baden-Würtemberg, for the Canadian Army's officers' mess. Having gone through naturalist and realist periods, today he paints in an impressionist style which offers him more interpretive freedom. He devotes himself full-time to his art, with frequent exhibitions in Ottawa and Quebec City.

Influencé par l'impressionnisme, Walter Klapschinski offre aussi une note de romantisme dans ses visions de Québec. Pas un romantisme échevelé ou mystique mais sage et poétisant. L'atmosphère l'intéresse plus que le narratif proprement dit. C'est pourquoi il souligne le passage des couleurs en les cernant dans des volumes où le détail reste mesuré. Spécialiste de la perspective, il aime donner cette profondeur qui permet une composition classique en situant les différents plans selon la tradition. Il sait également bien localiser ses lignes de tension à l'intérieur de la composition afin que le regard n'en soit pas incommodé.

Rue d'Auteuil à Québec, avec sa perspective en contre-plongée, nous rend bien la topographie spécifique à toute cette partie de la ville. Vision typique de ce côté des remparts, renforcée par les maisons assises en diagonale le long de la pente pour donner une vision qui défie les lois de l'équilibre visuel. À peine souligné, le parc de l'Esplanade permet au spectateur de faire errer son regard au-delà même de la scène tout en y restant attiré. Les couleurs vives des détails et des accessoires ajoutent du piquant à cette rue pleine de charme.

Bord du fleuve, près de Québec est une scène qui représente Sillery, juste en amont de la Vieille-Capitale. Avec l'église au fond, on se croirait en pleine campagne, d'autant plus que la berge du Saint-Laurent semble avoir gardé tout son cachet bucolique. L'artiste a traité la scène avec verve mais aussi avec une certaine mélancolie en utilisant des tons intermédiaires et des contrastes dans les masses et non dans les couleurs.

Influenced by impressionism, Walter Klapschinski also offers a suggestion of romanticism in his scenes of Quebec City. He is not a wildly mystical romantic but wise and poetic. He is more interested in atmosphere than narrative. Thus, he emphasizes the change of colours by circumscribing them in the volumes where detail is restrained. A specialist in perspective, he likes to provide the depth we see in classical composition by situating the different planes according to tradition. He also knows how to place his tension lines inside the composition so the eye is not interrupted.

Rue d'Auteuil à Québec, with its low-angle perspective, offers us a good rendering of the specific topography in this part of the city. It is a typical scene of the area behind the ramparts, reinforced by the houses placed diagonally along the sloping street and offering a vision that defies the laws of visual balance. The barely noticeable Parc de l'Esplanade allows the viewer's eye to wander outside the scene while remaining drawn to it. The brilliantly coloured details and accessories add life to this charming street.

Bord du fleuve, près de Québec is a scene of the Sillery, just upstream from the Old Capital. With the church in the distance, we feel like we are in the middle of the countryside, more so because the bank along the Saint Lawrence seems to have preserved its bucolic charm. The artist has treated the scene with verve but also with a certain melancholy by using intermediary tones and contrasts in the masses and not in the colours.

Bord du fleuve près de Québec (1987)
Huile sur masonite - Oil on masonite
20″ x 24″ - 51 x 61 cm

Rue d'Auteuil à Québec (1988)
Huile sur masonite - Oil on masonite
20″ x 16″ - 51 x 40,5 cm

ALAIN LACAZE

Né en 1939 à Paris, il fera ses études à l'École des Beaux-Arts de la capitale française et tiendra sa première exposition en Italie où il reçoit une mention d'honneur. Depuis 1970, il expose dans plusieurs pays étrangers comme le Japon, l'Allemagne fédérale, le Danemark ainsi qu'en permanence en France et aux États-Unis. Il s'est installé en 1970 à Québec où il possède sa propre galerie ainsi qu'un atelier de peinture. De 1981 à 1986, il y dirigera une école d'art, expérience qu'il aimera beaucoup. Il adore voyager et part l'hiver en Californie pour y peindre et y exposer régulièrement dans une galerie de San Diego. Également aquarelliste et graveur, il reste très attaché à la Vieille-Capitale dont il considère intéressantes toutes les rues, surtout... sous la pluie. Il expose ses gravures dans plusieurs galeries de Québec et de Paris.

Born in 1939 in Paris, he studied at the École des Beaux-Arts in the French capital and held his first exhibition in Italy where he received an honourable mention. Since 1970 he has held exhibitions in several foreign countries including Japan, West Germany and Denmark and his work is on permanent exhibition in France and the United States. In 1970 he settled in Quebec City where he owned a gallery and painting studio. From 1981 to 1986 he directed an art school, an experience he very much enjoyed. He is fond of travelling and spends the winter in California where he paints and gives regular exhibitions in a San Diego gallery. Also a water colourist and engraver, he remains attached to Quebec City, rendering its many interesting streets, particularly... under the rain. He exhibits his engravings in several galleries in Quebec City and Paris.

ALAIN LACAZE

- **DATE ET LIEU DE NAISSANCE:** le 17 novembre 1939, à Paris, France.
- **FORMATION:** il fait ses études à l'École nationale des Beaux-Arts de Paris.
- **MÉDIUMS:** huile, aquarelle, estampe.
- **CARRIÈRE:** depuis 1970, il a exposé à la Galerie Cantata de San Francisco, à la Galerie Sun Ace d'Osaka, Japon (1974), à Copenhague, Danemark (1975), à la Galerie Panatrium de Bonn, Allemagne (1977), à la Galerie La Serrure et La Galerie Bassano de Paris (1978 et 1979), à l'Intercontinental, à Paris et en Belgique (1980), à Hull (1984), à Toronto et à Ottawa (1985, 1986 et 1987), à la Bishop's Gallery de San Diego et à La Maison d'art Saint-Laurent de Montréal (1988). Il expose aussi ses estampes originales à la Galerie Idée-Cadre et à la Boutique 84½ de Québec. Établi à Québec depuis 1980, il enseigne l'art de peindre. Il possède sa propre galerie.
- **DISTINCTIONS:** lors de sa première exposition, en Italie, il reçoit une mention d'honneur. Une autre mention lui est décernée à Hull, en 1984.

GALERIE

ALAIN LACAZE

129-131, ST-PAUL

QUÉBEC, QC   G1K 3V8

Tél. rés.: (418) 694-1704 Galerie (418) 692-4381

Galeries - *Galleries*
Katia Granoff (Paris); Galerie Bishop (San Diego); Cantata (San Francisco); Torunhouse (Alabama); Sun Ace Cie (Osaka); Atelier Alain Lacaze; Idée-Cadre et Boutique 84½ de Québec (estampes).

Québec sous la pluie - Le Petit Champlain, huile - oil, 30 × 22"

Prix - *Prices* 89
Huile (encadré) - *Oil (framed)*

12 x 16": 925 $	20 x 24": 2000 $
14 x 18": 1150	20 x 30": 2700
16 x 20": 1375	24 x 30": 2800
18 x 24": 1800	30 x 40": 5000

Aquarelle (sans cadre) - *Watercolour (unframed)*
7½ x 5½": 350 $
14¼ x 11": 725

- **DATE AND PLACE OF BIRTH:** November 17, 1939, Paris, France.
- **TRAINING:** He studied at the National School of Fine Arts in Paris.
- **MEDIUMS:** Oil, watercolour, engraving.
- **CAREER:** Since 1970, he has exhibited at the Cantata gallery of San Francisco, at the Sun Ace gallery of Osaka, Japan (1974), at Copenhagen, Denmark (1975), at the Panatrium gallery of Bonn, Germany (1977), at the "Galerie La Serrure" and "La gallerie Bassano" of Paris (1978-1979), at the Intercontinental of Paris and Belgium (1980), in Hull (1984), in Toronto and Ottawa (1985, 1986 and 1987), at the Bishop's Gallery of San Diego and at the "Maison d'art Saint-Laurent" of Montreal (1988). He also exhibited his original engravings at the "Galerie Idée-Cadre" and at the "Boutique 84½" of Quebec. Established in Quebec since 1980, he has taught the art of painting. He owns an Art gallery.
- **HONOURS:** At the occasion of his first exhibition in Italy, he received an honorary mention. Another mention was awarded to him in Hull, in 1984.

C'est en créant une atmosphère bien spécifique qu'Alain Lacaze entre directement dans le vif de son sujet. Sa palette est l'une des plus symboliques des peintres de sa génération. Elle donne le ton à son tableau. C'est pourquoi, d'une manière générale, il préfère les journées nuageuses, neigeuses, pluvieuses et même orageuses à la luminosité d'un soleil en pleine gloire. Chez lui, jamais de contrastes violents mais plutôt des fondus où les couleurs s'interpénètrent tant elles sont liées entre elles. On pourrait presque parler de peinture abstraite si ce n'était du traitement figuratif des formes. La perspective est simplifiée presque à l'extrême car le premier et l'arrière-plan n'existent pratiquement pas.

L'Hôtel-de-Ville, l'hiver est une scène où excelle Lacaze. La masse du bâtiment barre tout passage du regard à l'arrière-plan pour concentrer l'attention sur la partie médiane de la scène. La monochromie de la façade donne une impression de lourdeur aussitôt compensée par la tombée de la nuit et l'ombre diffuse qui s'étale sur l'imposant plan moyen. Les personnages sont là pour seulement donner une échelle à toute la scène. Seul, le tournant sur la droite apporte une certaine perspective dans la composition.

Descente de la terrasse à Québec avec sa perspective en plongée amène le regard là où devrait se trouver la ligne d'horizon et où se déroule toute l'action du plan moyen. La tache impressionniste de l'arbre apporte une diversion à la géométrie rigide de l'édifice tout en se confondant avec les tons de la rue, sous une pluie légère de fin de printemps. Les personnages se confondent avec les autres accessoires de la composition.

By creating a specific atmosphere Alain Lacaze penetrates the heart of his subject. His palette is one of the most symbolic of the painters of his generation. It provides the tone of his paintings. Generally speaking, he prefers days that are cloudy, snowy, rainy, even stormy to a day that is sunny. He never uses violent contrasts but chooses blends in which the colours interpenetrate and bond with each other. If it were not for his figurative treatment of the forms his painting could be called abstract. The perspective is simplified almost to an extreme and the foreground and background barely exist. The subject of the painting is concentrated in the middle-ground.

L'Hôtel-de-Ville, l'hiver is the type of scene in which Lacaze excels. The mass of the building prevents the eye from traveling to the background and concentrates the attention on the median portion of the painting. The monochromatic facade creates an impression of heaviness which is reinforced by the dusk and the diffuse shadow which falls upon the imposing middle ground. The figures are there to provide a scale to the scene. Only the curve on the right gives perspective to the composition.

Descente de la terrasse à Québec with its high-angle perspective leads the eye to where the horizon line should be and where all the action in the middle ground unfolds. The impressionistic smudge that forms the tree creates a diversion to the strict geometry of the building while blending with the tones of the street beneath a light spring rain. The figures mingle with the other accessories in the composition.

L'Hôtel-de-Ville, l'hiver (1988)
Huile sur toile - Oil on canvas
18" x 24" - 46 x 61 cm

Descente de la terrasse à Québec (1988)
Huile sur toile - Oil on canvas
18" x 14" - 46 x 35,5 cm

CLAUDE LANGEVIN

Né en 1942 à Montréal, il poursuivra d'abord des études médicales à l'université de Montréal avant d'abandonner ce domaine pour se lancer dans la peinture. S'étant intéressé à cet art depuis son enfance, il se retrouve à l'emploi d'une galerie commerciale pour exécuter des tableaux rapides. Au bout de quelques années de ce régime, cet autodidacte finira par affiner sa technique, comprendre son sujet, analyser la lumière, bref, devenir un véritable professionnel et un vrai artiste. Après l'emploi de l'acrylique et de la spatule, il en viendra à l'huile et au pinceau en redécouvrant Tom Thomson et Clarence Gagnon. C'est ainsi que, depuis plus de 20 ans, il peint des scènes urbaines et rurales un peu partout au Québec et aussi dans les Maritimes. Il habite dans les Laurentides, à Sainte-Adèle, et expose régulièrement dans toutes les grandes villes du Canada. Il est représenté dans de nombreuses collections publiques ou privées. Membre de l'Institut des Arts Figuratifs.

Born in 1942 in Montreal, he first studied medicine at l'Université de Montréal then abandoned it to become a painter. Interested in art since childhood, he found a job in a commercial gallery making quick paintings. After several years of this, the self-taught artist had refined his technique, understood his subject, analyzed light and, in short, had become a true professional and artist. After a period of acrylic and spatula, he rediscovered Tom Thomson and Clarence Gagnon and began to use oil and brush. Thus, having chosen his medium, he has painted for the past 20 years city and country scenes throughout the Quebec province and in the Maritimes. He lives in the Laurentians, in Sainte-Adèle, and holds regular exhibitions in all the major urban centres of Canada. He is represented in many public and private collections. Member of the Institute of Figurative Arts.

Si l'on en croit Claude Langevin, la nuit est un domaine enchanteur à condition d'en combler le sentiment de solitude en la meublant de chaleur humaine. L'artiste n'en est pas moins attiré par les grands espaces et aussi par le rêve d'évasion qu'offre le Saint-Laurent. Certes, l'imagination est là mais il préfère s'en tenir à la plus grande vraisemblance possible. Comme coloriste, il pratique le contraste et les effets lumineux pour donner à la scène plus de dynamisme. Souvent à la recherche d'effets de perspective, Langevin aime affronter la nature dans ses manifestations les plus diverses, notamment au coeur de l'hiver et à la charnière des saisons lorsque l'une s'efface pour laisser la place à la suivante.

Côte de la Fabrique qui débute avec le Séminaire de Québec, participe de la même topographie montante-descendante des plus anciens quartiers de la Vieille-Capitale. Dans cette scène, Langevin a voulu insister sur une dominante bleu-rose parsemée de flocons de neige glissant comme de la ouate sur la ville et le Château-Frontenac à l'arrière-plan. Les fenêtres illuminées dégagent cette vie intérieure domestique que l'artiste inclut toujours dans ses scènes nocturnes. Les passants font partie intégrante de la scène.

Vieux remorqueur, port de Québec, en fin d'hiver, symbolise à fois le passé et le retour aux activités normales de la navigation fluviale, cordon ombilical des gens qui habitent le long du Saint-Laurent jusqu'en Gaspésie. C'est aussi l'un des thèmes favoris de l'artiste que les goélettes et bâteaux côtiers de toutes sortes, menacés de vieillesse. Le désir d'évasion est là mais la masse des bâtiments donne l'impression que l'artiste et le spectateur ne pourront y succomber.

For Claude Langevin, night takes on an enchanting quality when he bestowes his scene with human warmth. The artist is also drawn to wide open spaces and the dream of escape implicit in the Saint Lawrence. Imagination is present but he prefers to base it on pictorial reality as much as possible. As a colourist, he uses contrast and lighting effects to give the scene more dynamism; he searches for effects in perspective. Langevin confronts nature in all its diversity -- as an artist he is fond of the middle of winter as well as the transition from one season to the next.

Côte de la Fabrique, a street that begins at the Séminaire de Québec, participates in the same ascending-descending topography of the oldest districts of the Old Capital. In this scene, Langevin chose to emphasize a dominant blue-pink sprinkled with snowflakes falling over the city and Château Frontenac in the background. The lighted windows evoke the domestic indoor life that the artist always includes in his night scenes. The passers-by are an integral part of the scene.

Vieux remorqueur, port de Québec, at the end of winter, symbolizes both the past and present activities of river navigation, the umbilical cord of the people who live along the Saint Lawrence as far as the Gaspé. The decrepit schooners and various coastal boats are a favourite subject of the artist. The desire to escape is also there but the mass of buildings gives an impression of permanence that the artist and the viewer can only succumb to.

Vieux remorqueur,
port de Québec (1988)
Huile sur toile - Oil on canvas
20″ x 24″ - 51 x 61 cm

Côte de la Fabrique, Québec (1988)
Huile sur toile - Oil on canvas
24'' x 30'' - 61 x 76 cm
Collection: Miville C. Mercier

MICHEL LAPENSÉE

Né en 1947 à Verdun, sur l'île de Montréal, il fera d'abord des études secondaires avant de suivre des cours du soir en art publicitaire au Studio 5316. Le jour, il deviendra facteur pour payer ses études et exercera ce métier pendant 12 ans. Tout en se perfectionnant en peinture, il s'intéressera au portrait et aux scènes de genre. En 1970, il va commencer à enseigner la peinture à l'école primaire en continuant d'étudier avec un professeur privé. Il aime le réalisme en peinture et, tout en étant autodidacte, réussira à s'imposer comme peintre figuratif. Au début des années 1980, il décide de faire seulement de la peinture et commence à s'intéresser aux paysages urbains de la ville de Québec et à ceux ruraux de Charlevoix. Depuis lors, la Vieille-Capitale est devenue son sujet favori. Il peint aussi bien à l'huile qu'au pastel avec un seul objectif en tête: travailler pour son plaisir.

Born in 1947 in Verdun on Montreal Island, he finished high school, then took night courses in commercial art at Studio 5316. During the day, he worked as a postman to pay for his education and continued this trade for 12 years. While perfecting his painting technique, he became interested in portraits and anecdotal scenes. In 1970, he taught painting in a grade school while continuing to study with a private teacher. Although he loves realism in painting, he is self-taught and has made his name as a figurative painter. In the beginning of the 1980s, he decided to paint exclusively and began to render the urban landscape of Quebec City and the rural landscapes of Charlevoix. Since then, the Old Capital has become his favourite subject. He is equally at home in oil and pastel and possesses a single objective: to paint for his pleasure.

La vision de Michel Lapensée est à la fois globale et riche dans le détail. Aucun tableau ne porte la marque d'un traitement rapide parce que, pour lui, une scène n'a de valeur que si elle... parle. L'accès en est facile car le premier plan est généralement vierge de tout accident ou accessoire pour permettre au regard de concentrer son attention sur les deux autres plans. Ceux-ci déploient une profondeur de champ qui donne son cachet particulier à la composition dans les scènes urbaines. L'artiste assemble les éléments spatiaux en un tout diversifié en même temps qu'équilibré. Sa palette est plutôt monochrome avec addition de touches vivaces pour développer une ambiance spécifique. Même le ciel se marie avec le paysage urbain au lieu de faire contraste avec ses composantes.

Le Château, la nuit déploie l'imposant édifice dans toute sa majesté mais qui se confond dans ses couleurs avec l'environnement bâti. Avec le point de fuite vers la droite, l'artiste allège considérablement le "poids" visuel de cette digne construction qui règne sur Québec depuis qu'on y a ajouté la tour centrale en 1925. Les tons orangés et bruns, ponctués de taches rouges, mauves, vertes et même bleues, font vibrer la scène dans son apparente monotonie.

Rue Couillard à Québec est une autre de ces pittoresques rues de la Vieille-Capitale qui semblent incapables d'avoir un tracé en ligne droite parce que, à l'époque du Régime français, la construction contournait les accidents de terrain au lieu de les aplanir comme aujourd'hui. La savante monochromie des maisons, rehaussée par une façade rouge en bout de rue, renforce le "cubisme" de la scène. La minutie des détails architecturaux reflète la passion de l'artiste pour l'authentique.

Michel Lapensée's vision is both global and rich in detail. None of his paintings reflects a quick treatment because a scene has no value for him unless it... talks. Access is easy because the foreground is generally free of any unevenness or accessories, allowing the eye to concentrate on the other two planes. These offer a depth of field which lends a special charm to the composition. The artist assembles all the spatial elements and diversifies and balances them. His palette is mostly monochromatic with some vivid touches to develop a specific ambiance. Even the sky blends with the landscape instead of forming a contrast.

Le Château, la nuit displays this imposing structure in all its majesty, yet blends into the rest of the environment with its colours. By placing the vanishing point on the right, the artist considerably lightens the visual "weight" of this dignified building which has reigned over Quebec City since 1925 when the tower was added. The orange and brown tones, accented with touches of red, mauve, green and even blue, make the scene pulsate despite its apparent monotones.

Rue Couillard à Québec is another of these picturesque streets in the Old Capital that seems incapable of proceeding along a straight path because, during the French regime, construction bypassed the unevenness of the ground instead of leveling it as we do today. The skillful monochromatics of the houses, heightened by a red facade at the end of the street, reinforces the "cubism" of the scene. The minute architectural details reflect the artist's passion for authenticity.

Le Château, la nuit (1988)
Huile sur toile - Oil on canvas
40'' x 48'' - 102 x 122 cm
Collection: Serge Savard

Rue Couillard à Québec (1988)
Huile sur toile - Oil on canvas
24″ x 30″ - 61 x 76 cm
Collection: Paul Tremblay

ANDRÉ LATULIPPE

Né en 1940 à Québec, il suivra les cours de l'École des Beaux-Arts de Québec ainsi que de la Canadian School of Commercial Art pour se préparer à une carrière de publiciste et de designer. Il deviendra aussi scénographe et concevra des décors de théâtre dont trois opéras en particulier: **Lakmé**, **Mireille** et **les Pêcheurs de perles**. Cependant, le gros de ses activités professionnelles portera sur le design. C'est ainsi qu'il travaillera pour plusieurs compagnies et bureaux de publicité, sans oublier le gouvernement du Québec où il continue sa carrière. À côté, il mène une production picturale régulière portant sur le quotidien et les personnages de la Vieille-Capitale avec une préférence pour le patrimoine national et les enfants. Bien qu'il ait fait de l'aquarelle et même du batik, il travaille presque exclusivement à l'acrylique depuis 1980. L'une de ses oeuvres se trouve au siège de l'Unesco à Paris.

Born in 1940 in Quebec City, he took courses at the École des Beaux-Arts in Quebec City and at the Canadian School of Commercial Art to prepare for a career in advertising and commercial design. He also became a stage designer and conceived the scenery for three operas in particular: **Lakmé**, **Mireille** and **les Pêcheurs de perles**. However, the majority of his professional activities involved commercial design. Thus, he worked for several companies and advertising agencies, as well as the Quebec Government where he continues a career. On the side, he paints regularly the daily life and people of Quebec City with a preference for the Quebec heritage and children. Even though he has done water colour and batik, he has worked almost exclusively in acrylic since 1980. One of his works can be found at UNESCO headquarters in Paris.

De la précision dans le dessin, telle est la principale caractéristique d'André Latulippe quand il traite une scène de Québec. Une précision architecturale qui sait faire parler les pierres et les styles. On sent que l'artiste parcourt régulièrement sa ville pour y dénicher des coins encore inédits. Il sait déployer sa perspective pour attirer le regard sur le plan moyen où se trouve le véritable propos de la scène qu'il traite. Chaudes ou froides, les couleurs sont toutes assourdies et leurs volumes forment des effets de contraste ou plutôt des oppositions.

Rue du Fort, Québec qui part du Château-Frontenac pour descendre vers les remparts, est l'une des plus animées du Vieux-Québec en... été. Mais, en hiver, y règne un calme inattendu lorsque le soir descend. La façade presque lumineuse de la maison d'angle reflète la lumière des lampadaires de la place d'Armes et offre un jeu d'ombre et de lumière presque étrange. Une vision éthérée, magique, de ce lieu de promenade.

Rue Donnacona ou, devrait-on plutôt dire, rue des Ursulines ? Avec le couvent, le musée et la chapelle des Ursulines qui trônent dans cette rue, le nom du chef indien Donnacona se fait presque oublier. L'artiste a voulu souligner la diversité des architectures dans cette rue dont les bâtiments remontent en bonne partie au Régime français. Au centre, la rue s'ouvre sur la chapelle qui est le sujet du tableau et la préoccupation picturale de Latulippe. La différence des tons à gauche et à droite accentue la perspective en raccourci de la rue.

The principal characteristic of a Quebec City scene by André Latulippe is the precision of his drawing. This architectural precision reflects a familiarity with stones and styles. We sense that the artist must roam the city regularly in search of new material. He knows how to render a perspective that attracts the eye to the middle ground where the true subject of the scene is. Hot or cold, the colours are all muted and their volumes create contrasts, or rather oppositions.

Rue du Fort, Québec, which descends from the Château Frontenac toward the ramparts, is one of the busiest streets of Old Quebec in summer. However, in winter, a surprising peace reigns when evening falls. The luminous facade of the corner house reflects the light from the lamplight of Place d'Armes, offering a play of shadows and light that is almost eerie. It is an etherial, magical vision of this popular square.

Rue Donnacona or should we say rue des Ursulines ? With the convent, the museum and the Ursulines chapel all enthroned on this street, the name of the Indian chief Donnacona is almost forgotten. The artist wanted to depict the different architectural styles represented on this street, most of the buildings of which were constructed during the French regime. At the centre, the street gives onto the chapel which is the subject of the painting and Latulippe's pictorial preoccupation here. The different tones to the left and the right emphasize the foreshortened perspective of the street.

Rue Donnacona, Québec (1988)
Huile sur toile - Oil on canvas
18″ x 24″ - 46 x 61 cm
Collection: Denise Lempert

Rue du Fort, Québec (1988)
Huile sur toile - Oil on canvas
18″ x 14″ - 46 x 35,5 cm
Collection: Thérèse & Jacques Godin

MAURICE LEBON

Né en 1916 à Québec, il fera ses études classiques à Québec et à Sherbrooke avant de devenir instructeur de ski et de natation. En 1939, il s'enrôle dans l'Armée canadienne qui le prête aux Américains à titre de commando parachutiste; comme capitaine, il participe à des combats dans les îles Aléoutiennes et en Italie. Démobilisé, il devient directeur des sports de Baie-Comeau. Mais, en 1962, intéressé plus que jamais par la peinture, il suivra des études en dessin et en peinture avec l'artiste québécois Francesco Iacurto. Depuis, il consacre tout son temps à peindre les vieilles rues de Québec comme les paysages de la Gaspésie et de Charlevoix. Ses tableaux font partie de nombreuses collections publiques et privées et plusieurs de ses toiles seront offertes au Gouverneur Général du Canada, aux Premiers ministres P.-E. Trudeau et Brian Mulroney ainsi qu'au pape Jean-Paul II. En 1986, il deviendra directeur de l'Institut des Arts Figuratifs.

Born in Quebec City in 1916, he did his collegiate studies in Quebec City and Sherbrooke, then became a ski and swimming instructor. In 1939, he enlisted in the Canadian Forces and was lent to the Americans as a commando parachutist; as a captain he participated in combat in the Aleutian Islands and Italy. After his discharge, he became sports director of Baie-Comeau. In 1962, pursuing his interest in painting, he followed some courses in drawing and painting under the direction of Quebec artist Francesco Iacurto. Since then he has devoted himself to painting nature scenes around the Gaspé and Charlevoix regions as well as the urban landscape of Quebec City. His paintings are represented in numerous public and private collections and several were presented to the Governor General of Canada, to Prime Ministers Pierre Elliott Trudeau and Brian Mulroney as well as Pope John Paul II. In 1986, he became director of the Institute of Figurative Arts.

La spontanéité de Maurice LeBon s'affirme dans ses paysages urbains par le traitement rapide du pinceau qui applique des touches hardies. L'artiste veut livrer une impression, pas raconter une histoire. D'ailleurs, sa palette aux couleurs franches se retrouve sur la toile avec des volumes pleins ou parfois cloisonnés sur lesquels la surface s'affirme comme l'élément géométrique de la composition. L'effet de perspective vient du jeu des volumes et des masses. Le graphisme linéaire, par des jeux de triangulation, apporte la profondeur nécessaire à ce genre de composition. LeBon sait trouver et interpréter en peu de "mots" le visage intime de la Vieille-Capitale.

Les toits de la rue du Trésor, dans un ciel de nuit d'hiver, déploient des lignes qu'on dirait cubistes. Elles délimitent des surfaces traitées en aplat. Un assemblage assez hétéroclite de formes mais qui s'ajustent l'une à l'autre sans contraintes. En fait, si l'on retire le clocher, la scène devient abstraite sans, probablement, que l'artiste ait voulu qu'il en soit ainsi. Les couleurs franches accentuent encore le géométrisme de la composition.

L'Hôtel-de-Ville de Québec, par-delà les grilles du jardin, offre une vision intimiste de ce quartier plutôt administratif. L'arbre protecteur, au premier plan, sert d'encadrement graphique au fond de la scène, un peu comme un accessoire de théâtre. Cet élément trouve son équilibre et son écho dans cette autre tache verte, plus en profondeur, sur la droite. On se croirait dans un tout autre monde que celui du Vieux-Québec tout proche. Les tons pastel de l'édifice municipal soutiennent la perspective de la scène.

Maurice LeBon's quick brush strokes and bold touches of colour are evidence of his spontaneous style. The artist wishes to leave an impression, not tell a story. The bold colours of his palette meet on canvas in full volumes or sometimes divided up into surfaces which form geometrical elements. The effect of perspective arises out of the manipulation of volumes and masses. The linear graphics, through a play of triangulation, provides the necessary depth to this type of composition. LeBon knows how to find and interpret in just a few "words" the intimate face of the Old Capital.

Les toits de la rue du Trésor, an image of roofs on a winter night, displays its cubist lines. They define the flat surfaces. It is a sundry assemblage of forms which adapt to each other with ease. In fact, it we remove the steeple, the scene becomes abstract, perhaps without the artist realizing it. The bold colours further accentuate the geometry of the composition.

L'Hôtel-de-Ville de Québec, a scene of City Hall behind garden gates, offers an intimist vision of this administrative district. The sheltering tree in the foreground graphically frames the background of the scene, a little like a theatre prop. This element is counterbalanced by the other green area further back on the right. We feel like we are in another world than that of the Old Capital. The pastel tones of the municipal building support the perspective of the scene.

L'Hôtel-de-Ville de Québec (1988)
Huile sur toile - Oil on canvas
20" x 24" - 51 x 61 cm
Collection: M. et Mme Jean-Louis Le Saux

**Les toits de la rue du Trésor,
Québec** (1988)
Huile sur masonite - Oil on masonite
20" x 16" - 51 x 40,5 cm

JEANNE D'ARC LECLERC

Née en 1920 à Grand-Mère, en Mauricie, elle sera d'abord secrétaire et attendra 1960 pour se recycler en suivant, pendant cinq ans, des cours à l'École des Beaux-Arts de Québec avec, comme professeurs, Clément Paré, Thérèse Brassard, Olivier Ferland et Marcel Jean. Dès le début, elle connaîtra le succès avec ses toiles pleines de luminosité. En 1967, elle sera finaliste au Symposium de Sainte-Foy et obtiendra sa première exposition solo dans cette ville où elle habite toujours. Entre-temps, elle exposera en permanence dans plusieurs galeries du Québec. Grande voyageuse, elle a peint aussi bien en Espagne et à Hawaï qu'au Mexique, à Cuba et partout au Canada, avec une nette préférence pour la ville de Québec. Depuis qu'elle se consacre entièrement à la peinture, elle expose également en Ontario et aux États-Unis. Membre de l'Institut des Arts Figuratifs.

Born in 1920 in Grand-Mère in the Saint-Maurice River region, she first earned her living as a secretary; then in 1960, she began five years of courses at l'École des Beaux-Arts in Quebec with such professors as Clément Paré, Thérèse Brassard, Olivier Ferland and Marcel Jean. Her paintings, characterized by their light, received recognition from the beginning. In 1967, she was a finalist in the Symposium de Sainte-Foy where she also lives. Meanwhile, her work was on permanent exhibition in several Quebec galleries. An avid traveller, she has painted in Spain, Hawaii, Mexico, Cuba and throughout Canada, but with a preference for Quebec City. Since devoting herself entirely to painting, she has had frequent exhibitions in Quebec, Ontario and the United States. Member of the Institute of Figurative Arts.

Même si la vision de Jeanne d'Arc LeClerc relève d'une grande simplicité, l'artiste aime néanmoins la diversité. On le sent dans l'agencement de sa composition où le plan moyen absorbe la presque totalité de la scène. Tous les éléments y sont étroitement liés de sorte qu'il est pratiquement impossible de les dissocier pour faire ressortir un détail, un accessoire plus qu'un autre. Comme tout se complète, la vision devient globale et presque immatérielle malgré la présence des bâtiments qui forment un fond impénétrable. Une réalité quotidienne peut-être mais quand même empreinte d'une certaine poésie.

Place de Paris, à proximité immédiate de la place Royale, symbolise depuis 1984 le lien existant entre la France et le Québec. C'est là qu'en 1608 débarquèrent les premiers Français. Une sculpture moderne, **Dialogue avec l'histoire**, orne cette place. LeClerc a voulu offrir au spectateur l'image d'un quartier qui, encore aujourd'hui, reste témoin de la grande aventure de Champlain. Dominée par le Château-Frontenac et par le Bureau de poste, la composition se déroule tel un film. Dans un savant dosage de tons chauds et froids, les couleurs sont douces et incitent au rêve tout en s'intégrant dans la réalité.

Dimanche dans Québec reflète la joie de vivre qu'on ressent quand on flâne dans les plus vieux quartiers de la Vieille-Capitale. L'artiste a souligné par des touches de couleurs vives un grand nombre de détails dans ce parc, celui de la place d'Armes, et autour afin de stimuler le regard. La pente du sol offre une perspective plus prononcée et la masse confuse à l'arrière-plan arrête la vision pour la faire revenir sur le parc.

The vision of Jeanne d'Arc LeClerc is one of great simplicity and at the same time very diverse. We feel it in the arrangement of her compositions in which the middle ground absorbs almost the whole scene. All the elements are so tightly linked it is practically impossible to feature one detail or accessory over another. When everything is complemented the scene becomes global, almost immaterial, despite the buildings that form an impenetrable background. We see an everyday scene, perhaps, but one distinguished by a poetic quality.

Place de Paris, in the immediate vicinity of Place Royale, has symbolized since 1984 the link which exists between France and Quebec. The first Frenchmen disembarked here in 1608. A modern sculpture, **Dialogue avec l'histoire**, adorns the square. LeClerc wanted to give the viewer the image of a district which even today bears witness to Champlain's great adventure. Dominated by the Château Frontenac and the Post Office, the composition unfolds like a movie. The soft colours, skillfully measured cool and warm tones, encourage us to fantasize while nonetheless reflecting reality.

Dimanche dans Québec reflects the *joie de vivre* of people indulging in some carefree hours in one of the old districts of Quebec City. With touches of vivid colour the artist emphasizes many of the details in this park, Place d'Armes, to stimulate the eye. The slant of the sun's rays accentuate the perspective and the confused mass in the background returns our focus to the park.

Place de Paris à Québec (1988)
Huile sur toile - Oil on canvas
16″ x 20″ - 41 x 51 cm
Collection: Gauthier & Guillemette

Dimanche dans Québec (1988)
Huile sur toile - Oil on canvas
16" x 20" - 41 x 51 cm
Collection: Bouthillette, Parizeau & Associés

RAYNALD LECLERC

Né en 1961 à Saint-Michel-de-Bellechasse, sur la Rive-Sud de Québec, il subira, très jeune, l'influence du Saint-Laurent tout proche et du rythme des saisons. Il entreprendra d'abord des études d'architecture au cégep Lévis-Lauzon pour ensuite travailler comme dessinateur industriel pendant un an et demi. Cette période aura une grande influence sur lui car il va se découvrir un talent naturel pour la peinture. Après cet apprentissage en solitaire, il rencontrera le peintre Richard Bergeron qui l'initiera à l'art figuratif. Depuis 1982, vivant désormais de la peinture, il parcourt sans arrêt les diverses régions du Québec ainsi que les rues de la Vieille-Capitale pour traduire sur la toile ce qu'il ressent. Il s'intéresse également aux marines, aux personnages et aux natures mortes. Il habite le Vieux-Québec et expose régulièrement dans cette ville et ailleurs dans la province.

Born in 1961 in Saint-Michel-de-Bellechasse on the South Shore of Quebec City, he fell under the influence of the nearby Saint-Lawrence River and the rhythms of the seasons. He first studied architecture at Lévis-Lauzon CEGEP, then worked for a year and a half as an industrial designer. This was an important period in which he discovered a natural talent for painting. Following this private apprenticeship, he met painter Richard Bergeron who initiated him into figurative art. Since 1982 he has earned a living from his painting and travelled continually throughout the different regions of Quebec including the streets of Quebec City, painting what he sees and feels. He is also attracted to river scenes, people and still lifes. He lives in the old section of Quebec City and holds regular exhibitions there and elsewhere in the province.

Parce qu'il est précis dans son graphisme, Raynald Leclerc donne à ses compositions un caractère hyperréaliste mais sans emphase dans la précision. De cette manière, il en atténue la géométrie par un pinceau à la fois ferme et souple. Chez lui, comme les surfaces sont toujours bien délimitées, il peut les recouvrir d'un ton uni sur lequel viennent éventuellement s'ajouter des ombres, allégeant ainsi la trop grande importance chromatique du détail. En opposant les tons clairs aux tons foncés, l'artiste met en évidence leur chaleur sans les annuler. Au plan moyen et à l'arrière-plan, le ciel avec son bleu presque uni apporte la profondeur nécessaire à l'ensemble de la scène.

Angle Sainte-Ursule/Sainte-Geneviève est une scène qui tourne le dos à la Citadelle pour rejoindre la terrasse Dufferin. Bordée de maisons à lucarnes, la rue Sainte-Geneviève est également un lieu de promenade favori. Même si le quartier vit dans la quiétude et dans le passé, il n'en est pas moins un autre exemple de l'intérêt que lui porte le monde extérieur. La calèche avec son capot rouge ajoute la touche nécessaire pour faire diversion et incite le spectateur à la suivre dans son trajet.

La rue Saint-Louis, avec la statue de Champlain en fond de scène, reste discrète malgré la proximité de nombreuses promenades dans le quartier. Avec la percée jusqu'au fleuve, le regard se perd dans le rêve, l'évasion ou encore le passé, selon le tempérament de chacun. La distorsion scénique, provoquée par la masse des bâtiments à droite, empêche la scène de s'écraser sous son propre poids. Sans oublier la statue qui agit comme un phare en prenant ses distances avec le milieu bâti environnant.

His graphics are so precise that Raynald Leclerc's compositions possess a hyperrealist quality but without the emphasis on precision. Thus, he tones down the geometry with a brush that is both firm and supple. The surfaces, which are always defined, are covered with a single tone upon which shadows are later added, mitigating too great a chromatic emphasis on detail. By opposing pale and dark tones, the artist reveals their warmth without nullifying them. The clear blue sky in the middle ground and background provides the necessary depth to the scene.

Angle Sainte-Ursule/Sainte-Geneviève is situated between the citadel and Dufferin Terrace. With its lovely dormered houses, rue Sainte-Geneviève is a favourite place to stroll. Even though this quiet district lives in the past, it is still another point of interest to the outside world. The caleche with its red hood adds a playful touch and provokes the viewer to follow it in its journey.

La rue Saint-Louis, with its statue of Champlain in the background, remains secluded despite the many popular promenades in the vicinity. As the eye takes in this clearing that extends as far as the river, it becomes lost in a dream world, a desire for escape or for some distant past, depending on the personality of the viewer. The scenic distortion, provoked by the mass of buildings on the right, prevents the scene from falling beneath its own weight. The statue serves as a beacon by distancing itself from the surrounding buildings.

Rue Saint-Louis, Québec (1988)
Huile sur toile - Oil on canvas
20″ x 24″ - 51 x 61 cm
Collection: Jacques L'Heureux

**Angle Sainte-Ursule/
Sainte-Geneviève** (1988)
Huile sur toile - Oil on canvas
24″ x 20″ - 61 x 51 cm
Collection: Étienne Plante

ROCH LEFRANÇOIS

Né à l'Ange-Gardien en 1955, il s'est intéressé très tôt au dessin et à la peinture mais c'est à l'âge de 18 ans, lors d'une visite à Baie-Saint-Paul, qu'il décide de devenir peintre devant la beauté des paysages du pays de Charlevoix. Il lui faudra encore attendre quelques années avant de réaliser son rêve. En attendant, il recevra des conseils de René Richard et fera un stage au Moulin des Arts d'Albert Rousseau, à Saint-Etienne-de-Lauzon, pour développer un style qui lui soit propre. C'est seulement en 1986 qu'il commencera à peindre pratiquement tout le temps. Il s'efforce toujours d'aller plus loin que la simple représentativité de la scène, ce qui lui permet d'insuffler dans chaque tableau une profondeur qui dépasse le réalisme de la scène. Défenseur du patrimoine québécois, il a remonté lui-même une vieille maison pièces sur pièces dans Charlevoix.

Born in l'Ange-Gardien in 1955, he became interested at an early age in drawing and painting. At the age of 18, he visited Baie-Saint-Paul where he encountered the beauty of the Charlevoix landscape and decided then to become a painter. He had to wait still a few years, however, to realize his dream. Meanwhile, upon the advice of René Richard he did a workshop at the Moulin des Arts of Albert Rousseau in Saint-Etienne-de-Lauzon to develop his own style. It was only in 1986 that he began to paint almost full-time. Desiring to go further than simple representation, he attempts to impart a depth to each painting which goes beyond the realism of the scene. A champion of the Quebec heritage, he rebuilt on his own an old timber frame house in Charlevoix.

Impressionniste qui s'ignore, Roch LeFrançois voit dans le paysage urbain une combinaison de la nature et du milieu bâti. Chacun de ses tableaux ou presque est d'abord un paysage et ensuite une scène urbaine parce que, très proche de la nature par tempérament, il place toujours son sujet dans un décor où finissent par se confondre la géographie et la ville. Il livre ainsi une perception différente peut-être mais combien plus suggestive que la réalité toute nue. Comme il aime les scènes dites d'atmosphère, Lefrançois a recours à une certaine monochromie pour illustrer son propos. Ainsi, sa palette devient presque symboliste. En éliminant tout figuratisme de l'arrière-plan, Lefrançois insiste sur le plan moyen dont le jeu des formes et des tons soutient la simplicité de la composition.

Québec à l'aube est bien à l'heure de l'impressionnisme avec ses effets chromatiques pour jouer avec la luminosité diffuse de ce moment de la journée. Il en résulte de subtils jeux de lumière dans le ciel, sur la topographie de la scène et le Saint-Laurent gelé. La perspective, tout en longueur, reste classique malgré l'importance du plan moyen. L'atmosphère reste ouatée et enrobe la masse des bâtiments. Seules, les taches de couleurs le long de la berge permettent un contraste graphique pour séparer la scène en deux parties bien distinctes et respecter les plans.

Québec, vu de Beauport est plutôt un véritable panorama de la Vieille-Capitale avec son mélange d'architecture ancienne et moderne. Au premier plan, le terrain dénudé sent encore l'hiver et donne à la perspective linéaire une présence plus soutenue et surtout plus incarnée dans le paysage.

An unconscious impressionist, Roch Lefrançois combines nature and the city in his urban landscapes. Each of his paintings is first and foremost a landscape and then an urban scene; close to nature by temperament, he always places his subject in a scene where geography and the city blend. Thus, he offers a different perspective but one that it so much more suggestive than ungarnished reality. He loves scenes with atmosphere and relies on certain monochromatics to illustrate his intention. As a result, his palette becomes almost symbolist. By eliminating all figurative elements from the background, Lefrançois emphasizes the middle ground where the play of forms and tones support the simplicity of the composition.

Québec à l'aube is an impressionistic scene using chromatic effects to reflect the diffuse luminosity of dawn. The result is a subtle play of light in the sky, over the topography of the scene and on the frozen river. The drawn out perspective is classical despite the importance of the middle ground. The muffled atmosphere cloaks the mass of buildings. Only the touches of colour along the bank allow a graphic contrast, separating the scene into two distinct parts and respecting the planes.

Québec, vu de Beauport is a more realistic panorama of the Old Capital with its blend of old and modern architecture. In the foreground, the expanse of bare land still under snow provides a linear perspective which is supported and reiterated in the landscape.

Québec à l'aube (1988)
Huile sur toile - Oil on canvas
12″ x 16″ - 30,5 x 41 cm
Collection: Louise B. Leclair

Québec, vu de Beauport (1988)
Huile sur toile - Oil on canvas
16″ x 20″ - 41 x 51 cm
Collection: Miville C. Mercier

MICHEL LEROUX

Né en 1950 à Laprairie, sur la Rive-Sud, il travaillera jusqu'à 18 ans comme lettreur pour son père tout en continuant ses études secondaires; souvent même, il fera l'école buissonnière pour aider ce dernier à monter des affiches. Ainsi, il apprendra toutes les ficelles du dessin publicitaire. S'étant marié à 20 ans, il quitte alors le toit paternel et suit des cours du soir en graphisme au cégep Ahuntsic pendant deux ans et demi. Il enseignera ensuite le lettrage dans cette même institution. Pendant cette période de quatre ans, il va construire lui-même une maison dans les Cantons de l'Est pour arriver à se ressourcer. En 1978, il s'installe à Boucherville où il ouvre un atelier de lettrage qui existe toujours. Cependant, le goût de la peinture prend vite le dessus et, à partir de 1981, le voilà passant le plus clair de son temps à parcourir les villes et les campagnes du Québec et de la Nouvelle-Angleterre. Membre de l'Institut des Arts Figuratifs.

Born in 1950 in La Prairie on the South Shore, he did lettering for his father while attending high school; he often played hookey in order to help his father put up signs. Thus, he learned commercial drawing. At the age of 20, he left home and married; he took night courses in graphic arts at CEGEP Ahuntsic for two and a half years. Following that, he taught lettering at this same Montreal institution. During this period which lasted four years, he built his own house in the Eastern Townships in a effort to find himself. In 1978, he settled in Boucherville and opened a sign studio which still exists. However, his taste for painting soon got the upper hand and after 1981 he spent most of his time travelling through the Quebec and New England cities and countrysides. He is a member of the Institute of Figurative Arts.

La vision que Michel Leroux nous donne de Québec comporte à la fois réalisme et émotion, en plus d'une atmosphère où les couleurs donnent par elles-mêmes le ton à la scène automnale. L'artiste va chercher une sensibilité dans le moindre frissonnement de l'air tout en s'efforçant d'y insérer une profondeur visuelle, ce qui est délicat à cause du manque de champ. Il en résulte une vision où les éléments scéniques se succèdent l'un à l'autre dans un même élan. Pour lui, tout est prétexte pour glorifier la nature. La présence de l'être humain complète l'impression de vitalité évidente dans le milieu bâti qui, lui, est estompé sinon presque absent. En fait, l'artiste préfère insister sur la vie plutôt que sur le statisme des bâtiments.

Profil d'automne offre une vue en contre-plongée de l'escalier Frontenac, menant à la terrasse Dufferin. Par sa présence, la femme arrête le regard qui, autrement, continuerait son élan jusqu'au kiosque pour se perdre dans la verdure. Les oppositions de couleurs laissent au graphisme linéaire de l'escalier toute liberté de s'imposer mais dans un équilibre soigneusement étudié. A peine suggéré, le Château-Frontenac n'est là que pour situer la scène.

Avec les mots de toujours, l'artiste dépeint l'atmosphère de la place d'Armes, dans le Vieux-Québec. Ici, la lumière fait vibrer autant les éléments que les accessoires de la composition. L'élan vertical des lignes est contrebalancé par le dessin plus horizontal des lignes du jardin et par la position des personnages au premier plan. Ceux-ci enlèvent à la composition une certaine rigidité malgré la présence des arbres. En même temps, cette présence humaine en fait un document plus universel.

Michel Leroux's vision of Quebec City embodies both realism and emotion, in addition to an atmosphere where the colours themselves provide the tone for the autumn scene. The artist searches for a sensibility in the slightest movement of air while trying to introduce a visual depth -- a delicate matter because of the absence of any depth of field. The result is a painting in which the scenic elements follow one another within the same momentum. For Leroux, everything is a pretext for glorifying nature. The presence of people completes an impression of vitality evident among the surrounding buildings which are obscured or practically absent. The artist prefers to emphasize the life of the buildings rather than their static qualities.

Profil d'automne offers a low-angle view of the Frontenac stairs leading to Dufferin Terrace. The woman interrupts the eye which otherwise continues in its momentum as far as the kiosque and then gets lost in the foliage. The opposition of colours allows the linear graphics of the staircase to dominate but within a carefully studied balance. The barely discernable Château Frontenac is there to situate the scene.

Avec les mots de toujours depicts the atmosphere of Place d'Armes in Old Quebec. Here, the light causes all the elements and accessories of the composition to pulsate. The vertical thrust of the lines is counterbalanced by the horizontality of the drawing created by the lines of the garden and the positioning of the figures in the foreground. These relieve the composition of a certain rigidity despite the presence of the trees. At the same time, the people lend it a more universal quality.

Avec les mots de toujours (1988)
Huile sur toile - Oil on canvas
24″ x 30″ - 61 x 76 cm
Collection: Galerie Michel-Ange

Profil d'automne (1988)
Huile sur toile - Oil on canvas
20″ x 24″ - 51 x 61 cm
Collection: Madeleine Lasnier

BRUNO LORD

Né en 1939 à Victoriaville, il commence à peindre dès l'âge de 16 ans alors que, étudiant, il dépense toutes ses économies pour acheter du matériel de peintre. Avec ses pinceaux et son chevalet, il passe tous ses loisirs à peindre. Adorant les paysages urbains et ruraux du Québec, il aime travailler sur le motif, tandis qu'en atelier il préfère exécuter des natures mortes. Marié et père de deux enfants, il se considère comme peintre figuratif en disant qu'il appartient au groupe des autodidactes. Il peint avec des brosses plutôt larges et son coup de pinceau vigoureux traduit une grande simplicité dans l'expression, comme il le montre dans ses tableaux sur la ville de Québec. Depuis quelques années, il a étendu la diffusion de son oeuvre de sorte qu'on le retrouve aujourd'hui dans plusieurs galeries à travers le Québec. Une de ses toiles lui a valu en Italie une médaille d'or et le titre d'académicien.

Born in Victoriaville in 1939, he began painting when he was a student of 16, spending all his money on art supplies. With his brushes and easel, he devoted all his leisure time to painting. He is fond of the urban and rural landscapes of Quebec and enjoys working outdoors, whereas in the studio he prefers to make still lifes. Married with two children, he considers himself a figurative painter and claims to belong to the group of autodidacts. The brushes he paints with are quite large and his vigorous stroke conveys great simplicity, which is evident in his paintings of Quebec City. Since several years, his work can be found in many galleries throughout Quebec. One of his paintings earned him a gold medal in Italy and the title of an academician.

Ne s'embarrassant pas de détails, Bruno Lord préfère une image réaliste, presque expressionniste, plutôt que suggestive de toute scène qui retient son attention. Il compense cette austérité apparente par l'emploi de couleurs franches ou à peine mélangées sur des surfaces ou des accessoires meublant le paysage urbain. L'artiste a une certaine tendance à vouloir raconter tout en baignant sa composition dans une atmosphère quasi existentielle. Chez lui, les personnages, même s'ils sont souvent de simples taches de couleur, ont une grande importance parce que ce sont eux qui définissent la scène en lui donnant une valeur temporelle bien définie dans le présent et le quotidien.

Bancs publics à Québec est une scène universelle. Seul, le décor change selon les pays et les époques. Lord veut être un témoin de ce phénomène urbain. Ici, règnent la paix et la sérénité à l'ombre de l'Hôtel-de-Ville. Les bleus-mauves de l'imposante façade font contraste avec les jaunes-verts du petit parc pour en souligner la quiétude. Le soleil présente des jeux d'ombre et de lumière qui, dans le même temps, se joignent aux jeux des verticales et des horizontales - parfois aussi des obliques - pour apporter au graphisme un dynamisme discret.

Rue du Trésor qui débouche sur la place d'Armes, est un endroit idéal de flânage pour les promeneurs en quête de souvenirs. Les taches de couleur rehaussent la simplicité de la scène, tandis que le personnage en bleu coupe la nudité du premier plan en accentuant l'effet de profondeur. Les branches pendantes de l'arbre cassent la géométrie peut-être excessive des maisons et de la rue.

Without being too concerned about details, Bruno Lord prefers a realist image, almost expressionistic, rather than one that is suggestive of the scene he wishes to capture. He compensates for this apparent austerity by using bold or barely mixed colours on the surfaces or accessories that furnish his urban landscape. The artist has a certain tendancy to tell everything by bathing his composition in a quasi-existential atmosphere. The figures, often just simple touches of colour, are important because they define the scene, placing it in the present and the quotidian.

Banc public à Québec is a universal scene. Only the scenery changes according to time and place. Lord remains an observer of this urban phenomenon where peace and tranquility reign in the shadow of City Hall. The blue-mauve of the facade contrasts with the yellow-green of the little park to emphasize the serenity. The sun presents a play of shadows and light which joins the play of verticals and horizontals -- sometimes the diagonals, too -- providing a restrained sort of energy to the graphics.

Rue du Trésor which comes out on Place d'Armes is an ideal spot just to hang out. The touches of colour heighten the simplicity of the scene, while the figure in blue relieves the bareness of the foreground by accentuating the effect of depth. The hanging branches interrupt the almost excessive geometry of the houses and street.

Bancs publics à Québec (1988)
Huile sur toile - Oil on canvas
16'' x 20'' - 40,5 x 51 cm
Collection: Gilles Vaillancourt

Rue du Trésor, Québec (1988)
Huile sur toile - Oil on canvas
24'' x 20'' - 61 x 51 cm
Collection: Lucille Richard

PAULINE T. PAQUIN

Née en 1952 à Sainte-Monique (Qué.), elle a d'abord vécu en milieu rural sur la ferme paternelle où elle a commencé très jeune à pratiquer le dessin; à l'âge de cinq ans, elle gagnera même un prix à l'émission télévisée **Maman Fon-Fon**. Au cégep, ayant à choisir entre les arts plastiques et l'éducation physique, elle optera plutôt pour les techniques infirmières qu'elle étudiera pendant trois ans à Saint-Jérôme. Ensuite, elle vient travailler à Montréal en qualité d'infirmière et reprendra, après un an, ses études interrompues pour obtenir un baccalauréat en nursing. En 1980, elle a comme voisin un peintre qui l'initie à la peinture à l'huile et elle commence sérieusement à s'intéresser à ce médium. Finalement, en 1983, elle décide de se lancer dans ce domaine et d'y consacrer sa vie. Depuis lors, elle expose aussi bien au Québec qu'à Toronto et à Calgary. Membre de l'Institut des Arts Figuratifs.

Born in 1952 in Sainte-Monique, Quebec, she first lived on the family farm where she began to draw at an early age; she even won a prize when she was five years old on the television program **Maman FonFon**. At CEGEP, with a choice between art and physical education, she opted instead for three years of nursing school in Saint-Jérôme. Then she came to Montreal where she resumed after one year her nursing studies to obtain a bachelor degree in that field. In 1980 she had as a neighbour a painter who introduced her to oil painting and this marked the beginning of a serious interest on her part in the medium. Finally, in 1983, she decided to devote herself to her art. Since then, she has held exhibitions in Quebec City, Toronto and Calgary. She is a member of the Institute of Figurative Arts.

Le monde de l'enfance selon Pauline Paquin, tel pourrait être le titre de l'ensemble de son oeuvre. En effet, avec elle, les enfants sont toujours en fête, à la ville comme à la campagne. Un monde féerique d'une grande vitalité dans les couleurs, les lignes, les formes, bref, dans toute la composition. Un tableau de cette artiste, c'est un beau conte, une belle histoire. Certes, le côté illustration est bien présent mais l'anecdote devient universelle. On dirait que ce paradis n'est jamais menacé par le temps parce que la vitalité de Paquin éclate dans ses tableaux. Le dessin, d'un graphisme enlevé, ajoute à cette féerie de la couleur.

Une visite s'impose dans l'une des rues en pente raide de Québec avec ces écoliers qui, fuyant la classe, n'ont pas forcément envie de rentrer tout de suite à la maison. La scène est perçue avec des yeux d'enfant et non pas d'adulte. C'est pourquoi toute la scène est brillamment colorée et dans une perspective presque de guingois, tout en respectant les volumes. Les jeux graphiques et chromatiques donnent à cette scène l'animation joyeuse du monde de l'enfance.

On fête à Québec montre une scène où les enfants célèbrent, à leur manière, le Carnaval des adultes. La neige qui tombe en flocons dispersés ajoute à la scène une sérénité, un ouaté dans lesquels les cris joyeux des enfants se mêlent au chatoiement des couleurs franches et des lignes librement ordonnées. Scène symbolique peut-être et d'une composition sans défaut. On sent et on voit que Paquin garde en elle des trésors de son enfance sans que le temps semble jamais en gâter la féerie.

The world of childhood according to Pauline Paquin could be the title of her collected work. In her art, children are always celebrating whether the scene takes place in the city or the country. Each painting is a fairyland of colours, lines, forms, in short, the entire composition possesses great vitality. A painting by this artist is a lovely tale. Although the illustrations are very strong, the story she tells is universal. This Never-Never Land is not threatened by time because her paintings are bursting with life. Even her spirited drawing complements this enchanted world of colour.

Une visite s'impose shows school children lingering on one of the steep Quebec City streets before heading home. The scene is seen from the eyes of a child rather than an adult's. Thus, the scene is brilliantly coloured and almost lop-sided in its perspective, while respecting the volumes. The play of graphics and chromatics remind us of the joys of being a child.

On fête à Québec illustrates children celebrating the Carnival in their own special way. The falling snow lends a serenity to the scene, a kind of muffled atmosphere in which the joyful shouts of the children blend with the sparkling bold colours and freely ordered lines. A symbolic scene, perhaps, and a flawless composition. We sense that Paquin treasures her childhood memories which remain intact despite the passage of time.

Une visite s'impose (1988)
Huile sur masonite - Oil on masonite
24″ x 20″ - 61 x 51 cm
Collection: Pauline T. Paquin

On fête à Québec (1988)
Huile sur masonite - Oil on masonite
24″ x 20″ - 61 x 51 cm
Collection: Fortier, Franklin, Legault, Inc.

MARCEL H. POIRIER

Né en 1946 à Verdun, il se verra refuser par ses parents d'étudier à l'École des Beaux-Arts de Montréal et, à 18 ans, s'engagera dans les Marines américains. Mais, refusant de partir au Vietnam, il reviendra à Montréal où il exercera plusieurs métiers. Victime d'un accident au printemps 1968, il restera alité pendant plusieurs semaines et, pour se désennuyer, va commencer à peindre. Depuis lors, il n'arrêtera plus de le faire. Il rencontrera Léo Ayotte qui lui montrera comment peindre sur le motif ainsi que René Richard à Baie-Saint-Paul et Albert Rousseau qui l'encourageront fortement. En 1972, il présentera sa première exposition et, en 1973, participera à une exposition de groupe, **Les moins de 35 ans**, présentée dans sept centres dont le musée du Québec. Victime d'un second accident en 1973, il va lutter pour continuer de peindre. En 1978, il recevra la médaille des Arts au Festival de peinture de Québec et, en 1982, la médaille d'or au Salon international de peinture de Sherbrooke.

Born in 1946 in Verdun, his parents refused to let him study at the École des Beaux-Arts in Montreal and, at the age of 18 he enlisted in the U.S. Marines. However, he refused to go to Vietnam and returned to Montreal where he worked at several trades. He suffered an accident in 1968 and remained bedridden for several weeks; to amuse himself he began to paint. Since then he has not stopped. He met Léo Ayotte, who showed him how to paint outdoors, as well as René Richard in Baie-Saint-Paul and Albert Rousseau who gave him great encouragement. In 1972, he had his first exhibition and, in 1973, he participated in his first group show, **Les moins de 35 ans**, held in seven centres including the Musée du Québec. Victim of a second accident in 1973, he struggled to continue to paint. In 1978, he received the Arts Medal at the Festival de peinture de Québec and, in 1982, the gold medal at the Salon international de la peinture de Sherbrooke.

Toujours plein de verve, Marcel H. Poirier communique une impression de participation à la vie quotidienne de la Vieille-Capitale. Mais l'anonymat des visages fait que chacun peut "emprunter" celui qui lui plaît pour entrer dans le tableau. Si les personnages restent anonymes, les bâtiments par contre ont une existence propre et définissent la structure de chaque tableau. Ils s'imposent sans pour autant écraser les êtres humains mais plutôt en les intégrant l'instant d'une vision. Dans son narratif, Poirier accorde beaucoup d'importance au présent, dans le cadre d'une continuité presque cinématographique, avec un style à la fois "cubiste" et expressionniste.

Si Québec m'était conté... reporte le promeneur sur la rue Saint-Louis qui aboutit à la terrasse Dufferin. La présence de la foule anime, par un jeu châtoyant de couleurs, la sévérité architecturale de la scène qui illustre les différentes étapes historiques de la ville fondée par Champlain. Jeux bigarrés de formes qui ressemblent à une maquette d'architecte. Juste pour nous inviter à parcourir cette rue jusqu'à la vue grandiose sur le Saint-Laurent. Les détails meublent les diverses surfaces qui, elles, revêtent un caractère plasticien.

À travers le Vieux-Québec est une invitation à déambuler dans les rues pittoresques de la Vieille-Capitale. Là aussi, la scène se présente comme un jeu de construction auquel on aurait ajouté des silhouettes pour en donner l'échelle. Le traitement chromatique des surfaces, avec ses couleurs franches, donne une illusion de profondeur plus que la composition elle-même. En effet, la perspective graphique est pratiquement annulée par la présence des personnages au premier plan.

Marcel H. Poirier's energetic scenes communicate an impression of people participating in the daily life of the Old Capital. The anonymous quality of the faces encourages us to focus on the one we like to enter the painting. The buildings, on the other hand, have their own existence and define the structure of each painting. Imposing without being overpowering, they integrate the figures into the moment of the vision. In his narrative, Poirier gives much importance to the instant, to an almost cinematographic kind of continuity, in a style that is "cubist" and at the same time expressionist.

Si Québec m'était conté..., or "Once upon a time in Quebec City..." reflects a passer-by on the rue Saint-Louis which ends at Dufferin Terrace. In sparkling bold colours, the crowd gives life to the architectural severity of the scene which illustrates the various historical stages the city has passed through since Champlain. The rainbow colours of the forms resemble an architectural model. We take in the spectacular view of the Saint Lawrence as we enter the painting and amble along the street. Details furnish the diverse plastician-like surfaces.

À travers le Vieux-Québec is an invitation to stroll along this picturesque street of the Old Capital. Here, too, the scene looks like a display of building blocks with some figures added to give it scale. The chromatic treatment of the surfaces with their bold colours provides the illusion of depth more than the composition itself does. In fact, the graphic perspective is practically nullified by the figures in the foreground.

Si Québec m'était conté... (1988)
Huile sur toile - Oil on canvas
30″ x 24″ - 76 x 61 cm

À travers le Vieux-Québec (1988)
Huile sur toile - Oil on canvas
24″ x 20″ - 61 x 51 cm

MARCEL RAVARY

Né en 1940 à Montréal, il suivra d'abord les cours de l'École des BeauxArts de Montréal avant de s'impliquer dans d'autres domaines artistiques comme le théâtre, la mise en scène, le décor de scène, l'écriture dramatique. Il enseignera même plusieurs de ces matières à Montréal ainsi que les arts plastiques sans jamais cesser de peindre. Lauréat en 1980 du Grand prix d'été au Festival de la peinture de Québec, il se consacre exclusivement à son art depuis le début des années 1970. Il expose régulièrement à Montréal et à Toronto et a déjà tenu une exposition à New York. Habitant dans la région boisée de Saint-Jean-de-Matha, il n'en peint pas moins avec assiduité la ville de Québec où il aime flâner dans ses rues à la découverte d'une vision à peindre. Autant la majesté que l'intimité d'une scène retiendront son attention. Membre de l'Institut des Arts Figuratifs.

Born in 1940 in Montreal, he studied at the École des Beaux-Arts and then became involved in other artistic endeavors such as the theatre, directing, stage scenery and dramatic writing. He also taught several of these disciplines as well as plastic arts in Montreal; meanwhile he continued to paint. Winner of the Grand prix d'été at the Festival de la peinture de Québec, he has devoted himself exclusively to his art since the beginning of the 1970s. He holds regular exhibitions in Montreal and Toronto and has had one exhibition in New York. He lives in the forested region of Saint-Jean-de-Matha but returns faithfully to Quebec City where he loves to roam the streets in search of a scene to paint. His imagination is inspired as much by a majestic scene as by an intimate one. Member of the Institute of Figurative Arts.

C'est une invitation à la promenade que propose Marcel Ravary avec ses scènes de la Basse-Ville. Rien qui ne soit inutile malgré l'abondance des détails. Une intéressante perspective avec un point de fuite est généralement la règle en dépit du milieu bâti qui domine et encadre la présence humaine. Rendre l'atmosphère d'un lieu donné est pour cet artiste une source profonde de motivation. Avec ses éléments géométriques et ses couleurs souvent vives, Québec devient sous le pinceau de Ravary un prétexte pour méditer tout en flânant. Malgré la précision du dessin, une certaine mystique se dégage de chaque scène dont le traitement visuel s'équilibre dans une composition rigoureuse.

Rue Saint-Louis, dans l'interprétation de Ravary, devient un morceau d'architecture plus qu'un jeu de construction. L'artiste donne une sensibilité à la sévérité des lignes et des formes grâce à de subtils jeux d'ombre et de lumière sur les façades et grâce aux couleurs vives des détails. Les personnages sont ici presque estompés comme pour insister sur le caractère de cette rue plutôt que sur ses activités humaines. Au bout de cette promenade, le point de fuite entre les deux rangées de maisons est vertical et étroit, tout en étant suffisant pour donner à la composition cet élan visuel qui anime la scène.

Le Petit-Champlain, juste en bas de la terrasse Dufferin, est devenu la rue principale d'un quartier fort animé et apprécié des visiteurs. L'histoire nous rappelle que cet endroit occupe l'emplacement du premier port de Québec. Aujourd'hui restaurées, ses maisons anciennes donnent à cette rue en particulier l'impression de vivre dans un passé toujours présent. La perspective reste très linéaire et offre une vision en raccourci.

Marcel Ravary invites us for a walk through Lower Town. There is nothing superfluous is his scenes despite an abundance of details. Generally, he uses an interesting perspective with a vanishing point in depicting the buildings which dominate and frame the people. Rendering the specific atmosphere of a place is a primary preoccupation for this artist. With its geometric elements and often vibrant colours, Quebec City becomes a pretext for the artist's meditations. Despite the precision of his drawing, each scene contains a certain mystique where visual treatment finds balance within a rigorous composition.

Rue Saint-Louis, as Ravary interprets it, becomes an architectural ensemble. The artist lends a sensitivity to the severity of the lines and forms thanks to the subtle play of shadows and light on the facades and the vividly coloured details. The figures are amost blurred as if to insist on the character of the street rather than its people. At the end of this promenade, the vanishing point between the two rows of buildings is vertical and narrow, though just enough to give the composition the visual thrust that brings the scene to life.

Le Petit-Champlain, just below Dufferin Terrace, has become the main street of the tourist district. History reminds us that it occupies the site of Quebec City's first port. Now restored, the old houses on this particular street give the impression of living in a past forever present. The perspective is linear and offers a foreshortened vision.

Le Petit-Champlain (1988)
Huile sur toile - Oil on canvas
20″ x 24″ - 51 x 61 cm
Collection: Micheline Simard

Rue Saint-Louis (1988)
Huile sur toile - Oil on canvas
20″ x 24″ - 51 x 61 cm
Collection: Normand Gauthier

PHILIPPE RICHARD

Né en 1947 à l'Assomption, il fera des études secondaires et collégiales dans sa ville natale pour ensuite se rendre à l'université de Montréal où il obtiendra un baccalauréat ès lettres et un baccalauréat en techniques audiovisuelles. Même s'il manipule pinceaux et couleurs depuis l'âge de 12 ans, il commencera d'abord par faire carrière dans l'enseignement avant de compléter sa recherche en peinture et en dessin à l'École des Beaux-Arts de Montréal. Il puisera la richesse de son inspiration dans la région de Lanaudière où il habite. S'exprimant tantôt dans des scènes urbaines, tantôt dans des scènes rurales, il se lance sans contrainte dans l'exécution des sujets qu'il traite. Mais comme le quotidien l'attire également, il aime intégrer dans son tableau des personnages et plus particulièrement des enfants. Membre de l'Institut des Arts Figuratifs.

Born in 1947 in l'Assomption, he did his secondary and collegiate studies in his native town and then went on to Université de Montréal to obtain a bachelor of arts degree as well as a bachelor degree in audiovisual techniques. Even though he had been painting since the age of 12, he began a career in teaching before completing his studies in painting and drawing at the École des Beaux-Arts in Montreal. Inspired by the Lanaudière region where he lives he paints both urban and rural scenes, immersing himself in the subjects he treats. He is attracted to the quotidian and likes to integrate people, especially children, into his paintings. He is a member of the Institute of Figurative Arts.

C'est la simplicité du quotidien dans son environnement bâti qui retient l'attention de Philippe Richard. Avec beaucoup de poésie, il décrit ce petit quelque chose qui donne de l'atmosphère à une scène. En fait, la présence de personnages bien intégrés dans la composition apporte une authenticité au propos de l'artiste. Qu'il s'agisse d'enfants ou d'adultes, ils sont décrits dans l'une ou l'autre de leurs activités normales. C'est le règne de l'instantané dans une vision qui se prolonge dans le temps. Moment privilégié en harmonie avec l'intention de l'artiste. Avec sa perspective qui accentue le raccourci, il nous fait directement entrer dans la scène.

En allant au traversier fait descendre le regard en direction du Château-Frontenac et de Lévis. Cette vue en plongée est saisissante car elle élimine visuellement toute une partie du paysage urbain pour ne retenir que l'essentiel architectural. Une géométrie intéressante souligne l'intérêt du milieu bâti, de la rue en pente et de la masse tronquée du Château-Frontenac. La palette reste presque monochrome pour renforcer l'unité de la composition. Les personnages, tous affairés, ont pour but d'animer la scène.

Rue de Sillery, le matin dépeint le calme de cette municipalité coincée entre le boulevard Laurier et le Saint-Laurent. Dans un recueillement campagnard, la scène offre une vision antithétique de Québec même: la clôture à gauche et l'homme à la bicyclette nous ramènent à une autre époque où le temps s'écoule d'une manière différente. Le jeu des couleurs s'avère d'une grande délicatesse.

The simple moments in our daily lives are what capture the attention of Philippe Richard. With a true sense of the poetic, he depicts the small things which give atmosphere to a scene. In fact, the well integrated figures in the composition give the scene its authenticity. Children and adults are depicted going about their usual daily activities. He captures an instant in progress and it lingers in time. It is a privileged moment in harmony with the intention of the artist. Using a foreshortened perspective, he leads us directly into the painting.

En allant au traversier compels the eye to descend toward Château Frontenac and Lévis. This high-angle view is dramatic in that it visually eliminates a whole section of the urban landscape in order to preserve just the essential architecture. An interesting geometry emphasizes the buildings bordering the sloping street, the street itself and the truncated mass of the Château Frontenac. The almost monochromatic palette reinforces the unity of the composition. The people going about their business are there to enliven the scene.

Rue de Sillery, le matin depicts the tranquility of this town wedged between Boulevard Laurier and the Saint Lawrence. With its country-like ambiance, the scene offers a contrasting vision of Quebec City: the fence on the left and the man on the bicycle lead us into another epoch where time unfolds in a different manner. The play of colours is very delicate.

Rue de Sillery, le matin (1988)
Huile sur toile - Oil on canvas
24″ x 30″ - 61 x 76 cm
Collection: Micheline & Alphonse Galluccio

En allant au traversier (1988)
Huile sur toile - Oil on canvas
30″ x 24″ - 76 x 61 cm
Collection: Gauthier & Guillemette

JAMES W. STUART

Né en 1951 à Pointe-aux-Trembles, près de Montréal, il vivra huit ans dans un centre d'adoption avant de passer d'une famille d'accueil à l'autre. Années difficiles où il s'intéresse déjà aux oeuvres des grands maîtres européens. Jeune, il fera tous les métiers en promenant partout sa boîte de couleurs. À 20 ans, il étudie la coiffure et ouvre son propre salon. Mais, vite lassé, il part pour l'Europe afin d'en visiter les grands musées et de parfaire son goût. De retour au Québec, il s'intéresse sérieusement à la figure humaine ainsi qu'aux paysages ruraux et urbains, genres qu'il traite aussi bien à l'huile et à l'aquarelle qu'au crayon. Il réalisera, entre autres, un album de 13 lithographies sur **l'Historique des sucres**. Voyageant beaucoup dans le Québec, il est irrésistiblement attiré par le charme des rues et des maisons de la Vieille-Capitale. En 1987, il a exposé en France; il présente ses oeuvres en permanence à Montréal et à Sainte-Thérèse.

Born in 1951 in Pointe-aux-Trembles near Montreal, he lived for eight years in an orphanage, followed by a series of foster homes. Although these were difficult years, he was already showing an interest in the works of the great European masters during this time. Whatever sort of work he was doing, he always had on him his box of colours. At the age of 20, he studied hairdressing and opened his own salon. However, he quickly tired of this and left for Europe to visit the great museums and enrich his knowledge. After returning to Quebec, he developed a serious interest in the human body and landscapes, employing oil, water colours and pencil with equal talent. Among his achievements is an album of 13 lithographs **l'Historique des sucres**. He has travelled widely in Quebec but is particularly drawn to the charm of the streets and houses of Quebec City. In 1987, he held an exhibition in France; his works are on permanent exhibition in Montreal and Sainte-Thérèse.

Entre la géométrie de ses maisons et la liberté des formes naturelles, James W. Stuart joue le jeu des vibrations chromatiques, dans la manière des impressionnistes mais avec un souci plus poussé de la précision graphique. Par une étude poussée de la perspective, les éléments de sa composition dégagent une vision donnant à la scène un caractère intimiste et même spiritualiste bien que la profondeur du champ soit arrêtée par des obstacles visuels. Grand amant de la nature, Stuart introduit dans chaque scène des arbres et du feuillage qui viennent meubler la composition et lui donner de la flexibilité. Ce qui lui permet de faire encore plus vibrer les couleurs et les formes. Beaucoup de poésie dans ces scènes presque pastorales en pleine ville.

Un bel après-midi à Québec est une vue en plongée et en raccourci depuis l'avenue Saint-Denis jusqu'à l'autre rive du Saint-Laurent. La rue au premier plan et le ruban du fleuve à l'arrière-plan enserrent dans un même élan la masse verticale du Château-Frontenac dont l'équilibre est maintenu par les maisons placées en oblique sur le plan moyen. On remarque également un autre équilibre entre le haut et le bas de la scène par la présence de feuilles dont l'ombre se reflète en bas à droite pour unifier la scène dans tous ses éléments.

Le Vieux-Québec reflète une atmosphère pleine de brillance et de silence comme s'il s'agissait d'un village oublié somnolant dans le temps et l'espace. Une scène universelle dans sa représentativité. La petite église, les arbres, la rue tortueuse sont la quintessence de l'harmonie et de la paix. L'homme et son chien symbolisent parfaitement ce propos de l'artiste.

Between the geometry of the houses and the freedom of the natural forms, James W. Stuart plays a game of chromatic vibrations, similar to the impressionists but with more concern for graphic precision. By means of an elaborate perspective, the elements of his composition provide the scene with an intimist, even spiritual character, even though the depth of field is impeded by visual obstacles. A nature lover, Stuart introduces trees and foliage to each scene, furnishing the composition and giving it flexibility. This also causes more vibration among the colours and forms. These pastoral scenes in the middle of the city possess great poetic quality.

Un bel après-midi à Québec is a high-angle and foreshortened view from avenue Saint-Denis to the opposite shore of the Saint Lawrence. The street in the foreground and the ribbon of river in the background hem in the vertical mass of the Château Frontenac; a balance is maintained by the houses placed on a diagonal in the middle ground. There is an additional balance between the top and bottom of the scene created by the leaves and their shadow in the lower right, unifying all the elements of the scene.

Le Vieux-Québec reflects an atmosphere of dazzling light and silence, like a slumbering village forgotten in time and space. It is universal in its representation. The tiny church, the trees, the winding street are the quintessence of harmony and peace. The man and his dog perfectly symbolize the aim of the artist.

Le Vieux-Québec (1987)
Huile sur masonite - Oil on masonite
24″ x 20″ - 61 x 51 cm
Collection: René Viau

Un bel après-midi à Québec (1987)
Huile sur masonite - Oil on masonite
20″ x 16″ - 51 x 40,5 cm

TIBOR K. THOMAS

Né en 1919 à Fagaras, en Roumanie, il a 10 ans quand il entre à l'École des Arts et Métiers pour y apprendre la sculpture sur bois et l'ébénisterie. Puis il devient gymnaste, discipline qu'il enseigne jusqu'à la guerre. À la fin du conflit, il rencontre le peintre Szonyi Stephan qui l'encourage à peindre et lui prête même un petit atelier. En 1948, il entre à l'Académie des Beaux-Arts de Bucarest où lui-même enseignera la peinture de 1950 à 1969. Grand voyageur, il visitera les pays de l'Est avant de passer à l'Ouest avec sa femme et son fils pour s'installer à Montréal en décembre 1969. Il a présenté de nombreuses expositions dans les pays de l'Est et continue d'en présenter régulièrement au Canada, aux États-Unis, au Mexique ainsi qu'en Europe de l'Ouest. Ses oeuvres figurent dans de nombreuses collections corporatives au Canada et aux États-Unis. Comme peintre de la ville, il travaille autant à l'huile qu'à l'acrylique, sans oublier le dessin au fusain.

Born in 1919 in Fagaras, Romania, he entered the School of Arts and Crafts at the age of 10 to learn wood sculpture and cabinet making. Following that he became a gymnast, a discipline he taught up until the beginning of World War II. At the end of the war, he met the artist Szonyi Stephan who encouraged him to paint and even lent him the use of a small studio. In 1948, he enrolled in the Academy of Fine Arts in Bucharest where he eventually taught painting himself from 1950 to 1969. An avid traveller, he first visited the countries of Eastern Europe, then travelled to Western Europe with his wife and son and finally settled in Montreal in 1969. He has held a number of exhibitions in Eastern Europe and continues to exhibit in Canada, the United States, Mexico as well as Western Europe. His works are represented in numerous corporate collections in Canada and the United States. A landscape artist, he works in oil, acrylic and charcoal.

Les scènes de Tibor K. Thomas offrent les trois plans dans une perspective d'une grande simplicité. En fait, on y trouve toujours un élément architectural vedette dont les assises sont solidement ancrées dans le plan moyen. Le bâtiment qui est le sujet du tableau est toujours dominant dans sa masse comme dans son volume. Il couvre généralement toute la largeur de la scène, tandis que le premier plan permet, par son raccourci et ses détails, une animation avec des personnages à l'échelle. Les ciels sont sereins et néanmoins dynamiques par le traitement très libre des nuages. Présente ou à peine esquissée, la ligne d'horizon rappelle l'importance de l'arrière-plan pour donner de la profondeur à la vision.

Le Château-Frontenac domine de sa masse tout le panorama de la Vieille-Capitale de sorte que l'artiste a dû meubler son plan moyen avec une vision à l'horizontale des maisons situées en hauteur derrière lui. Par un jeu de volumes et de couleurs, il a réussi à atténuer l'impact du bâtiment dont les toits à dominante verte font contraste avec les nuages et les taches des maisons. La rue qui court au premier plan s'oppose aux flèches verticales en pente raide. Les silhouettes permettent de donner une échelle dont la perspective est presque en trompe-l'oeil.

Promenade à Québec, sur la terrasse Dufferin, offre au regard, côté ville, la statue de Champlain et le Bureau de Poste, deux éléments scéniques auxquels l'artiste a voulu donner la vedette dans cette composition. Toujours cette tension entre les horizontales et les verticales sans qu'aucune ligne oblique n'en vienne tempérer la sévérité, sauf les silhouettes des personnages.

Tibor K. Thomas's scenes offer the three planes within a simple perspective. In fact, we always find some architectural element featured and solidly anchored in the middle ground. When the subject is a building, it always dominates with its mass and volume. It generally covers the width of the painting, while the foreground with its foreshortening and details provides the action through the figures done at scale. Whether present or barely drawn in, the horizon line evokes the importance of the background to give depth to the scene.

Le Château-Frontenac dominates the entire panorama of the Old Capital in such a way that the artist had to furnish the middle ground with a horizontal series of houses situated at the top of the slope behind the Château. Through a play of volumes and colours, he succeeded in softening the impact of the building with a green roof that contrasts with the clouds and houses. The street in the foreground is in opposition to the spires. The figures give a scale to the perspective which is almost *trompe-l'oeil*.

Promenade à Québec, on the city side of Dufferin Terrace, offers a view of Champlain's statue and the Post Office, the two scenic elements he wanted to feature in this composition. Once again a tension exists between the horizontals and the verticals without any diagonal lines to soften the severity except for the figures in the foreground.

Le Château-Frontenac (1988)
Acrylique sur toile - Acrylic on canvas
16" x 20" - 40,5 x 51 cm
Collection: Jean-Marc Labelle

Promenade à Québec (1988)
Acrylique sur toile - Acrylic on canvas
16'' x 20'' - 40,5 x 51 cm

JOHN WALSH

Né en 1907 à Brighton, en Angleterre, il obtiendra d'abord son diplôme d'ingénieur à l'université de Londres puis poursuivra des études artistiques à la London Central School of Art. En 1940, dépêché au Canada par l'Amirauté britannique, il viendra avec son carnet de croquis et n'en repartira plus. Après la guerre, il travaillera comme ingénieur à la Dominion Bridge et tiendra sa première exposition, en 1945, au musée des Beaux-Arts de Montréal. Bien qu'il peigne également aux États-Unis, au Mexique, en Amérique centrale, en Europe et jusqu'en Extrême-Orient, la vaste majorité de son oeuvre provient des villes de Québec et de Montréal. Surnommé ''le peintre de la nuit'', il excelle également dans l'aquarelle. Bon nombre de ses tableaux ont servi à illustrer des articles de voyage dans des magazines tant canadiens qu'américains. Représenté dans tous les grands musées publics et privés du Canada, il s'est installé en 1952 à Lachine, en banlieue de Montréal, où il vit avec sa femme.

Born in Brighton, England in 1907, he obtained an engineering degree at the University of London then pursued studies in art at the London Central School of Art. In 1940, dispatched to Canada by the British Admiralty, he arrived with his sketch book and never left. After the war he worked as an engineer at Dominion Bridge and held his first exhibition in 1945 at the Museum of Fine Arts in Montreal. Although he also painted in the United States, Mexico, Central America, Europe and the Far East, the vast majority of his work has been done in Quebec City and Montreal. Nicknamed ''painter of the night'', he excels in water colour. A large number of his paintings have been used to illustrate travel articles in Canadian and American magazines. He is represented in all the important public and private museums of Canada. He settled in Lachine, a suburb of Montreal, in 1952 where he still lives with his wife.

Le jeu expressionniste de John S. Walsh donne aux scènes de Québec qu'il interprète, une valeur de manifeste. En s'éloignant du réalisme graphique pour n'en conserver que l'essentiel de la forme, l'artiste livre une vue presque synthétisée de son sujet. Comme, en outre, il s'intéresse surtout aux scènes nocturnes, la vision surprend mais attire en même temps. La perspective est normalement respectée tout en subissant parfois des effets de distorsion qui ajoutent au caractère fantômatique de ses paysages urbains dans la nuit. De ce fait, il utilise une palette où les tons chauds dominent pour contrer les bleus, les tons neutres et les couleurs foncées. Par contraste, les formes sont très délimitées et même cloisonnées pour mieux les définir dans la composition.

Roof Top View of Quebec, dans le clair-obscur de la soirée, présente un panorama de toits et de bâtiments assoupis qui reflètent les lumières de la ville. Cependant, les façades qui reçoivent cette clarté artificielle, la renvoient à leur tour sur l'environnement et en détachent les éléments qu'on distingue plus facilement. Comme la perspective part du premier plan, le champ de vision va s'étendre graduellement. L'heureuse juxtaposition des rouges, des verts, des bleus et des roses offre au regard un véritable jeu chromatique.

Night View of Quebec from Château Frontenac est une vision romantique par excellence avec ses plans où seules dominent les formes. Au premier plan, en contre-jour, les flèches des toits se détachent dramatiquement sur un fond de lumières dont le traitement complexe devient symboliste plus que réaliste. Le jeu des couleurs et des formes prend une allure de rêve dans la liberté formelle la plus suggestive.

The expressionist style of John T. Walsh gives his Quebec City scenes the value of an artistic statement. By giving less attention to graphic realism to preserve the essence of the form, the artist proposes an almost synthesized view of his subject. Particularly interested in night scenes, he surprises and pulls us into the scene at the same time. While perspective is normally respected, it may undergo some effects of distortion which contribute to the ghostly atmosphere of his urban landscapes at night. His palette of dominant hot tones counter the blues, neutral tones and dark colours. By contrast, the forms are highly delineated and even divided up to give a better definition to the composition.

Roof Top View of Quebec, in the pale dim light of dusk, offers a silent panorama of roof tops and buildings that reflect the city lights. However, the facades receiving this artificial light send it back into the night, making the elements stand out so we can distinguish them more easily. Since the perspective originates in the foreground, the field of vision spreads out gradually. The colourful juxtaposition of reds, greens, blues and pinks offers the eye a chromatic feast.

Night View of Quebec from Château Frontenac is a very romantic scene in which the planes are dominated by the forms. While the foreground is backlighted, the spires of the roofs stand out dramatically against a complex treatment of light that is more symbolic than real. The play of colours and forms takes on a dream-like quality in a highly suggestive but formal freedom.

Roof Top View of Quebec (1988)
Huile sur toile - Oil on canvas
16″ x 20″ - 41 x 51 cm

**Night View of Quebec
from Château Frontenac** (1988)
Huile sur panneau entoilé - Oil on canvas board
16″ x 12″ - 41 x 30,5 cm

Déjà paru / Already published
  Charlevoix en peinture / in painting

Vient de paraître / Recently published
  Québec en peinture / in painting

À paraître / To be published
  Laval en peinture / in painting